『元宇宙』营销思维

——打造角色化营销新纪元

张　远◎编著

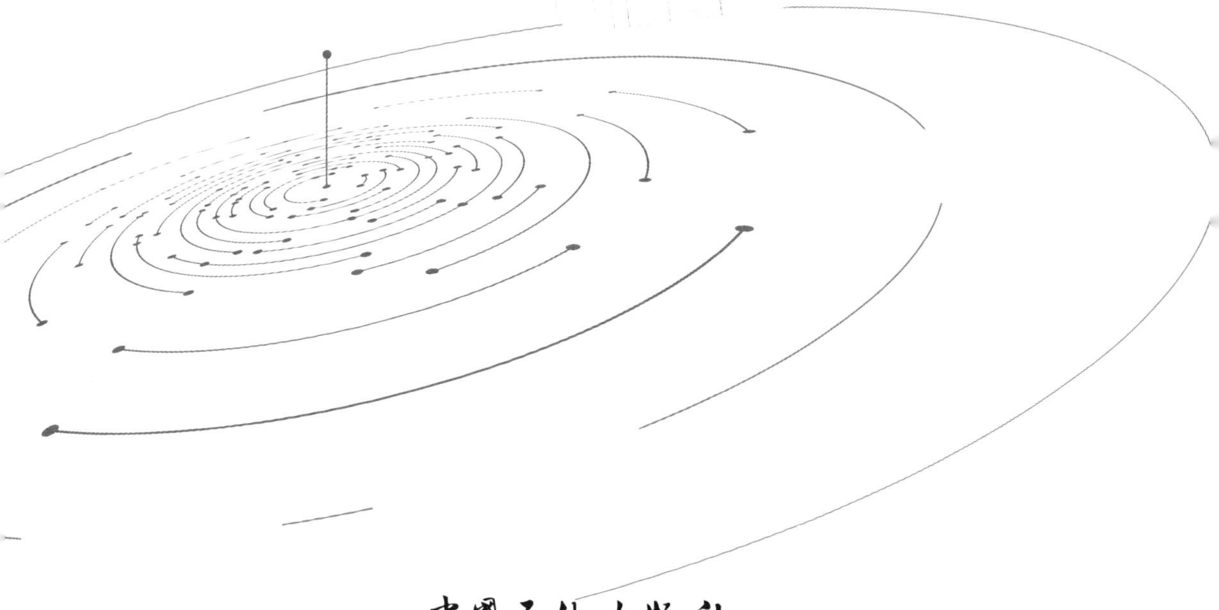

中国石化出版社

图书在版编目（CIP）数据

元宇宙营销思维：打造角色化营销新纪元 / 张远编著. -- 北京：中国石化出版社, 2022.10
ISBN 978-7-5114-6893-2

Ⅰ. ①元… Ⅱ. ①张… Ⅲ. ①网络营销 Ⅳ. ①F713.365.2

中国版本图书馆CIP数据核字（2022）第184568号

中国石化出版社出版发行
地址：北京市东城区安定门外大街58号
邮编：100011　电话：（010）57512500
发行部电话：（010）57512575
http://www.sinopec-press.com
E-mail：press@sinopec.com
北京科信印刷有限公司印刷
全国各地新华书店经销
*
710毫米×1000毫米　16开本　12.5印张　224千字
2023年12月第1版　2023年12月第1次印刷
定价：78.00元

前言

元宇宙是什么？

元宇宙是未来10年内将要达成的虚实一体化的生活世界。

试想如果此刻穿越到15年前，有人要给你讲什么是电商营销，举着电脑告诉你："这是屏幕、这是键盘，那是鼠标、那是网线。"你一定会感觉莫名其妙。因为你知道电脑只是电商营销的一个工具，绝非电商营销的根本实质。"元宇宙"营销也是如此，区块链、比特币、VR、AI、数字孪生其实都是帮助商家完成"元宇宙"营销的工具而已，追求其内核才能完成"元宇宙"营销全过程，从而使消费者从精神宇宙到物质宇宙得到双重满足。一个奢侈品的皮包可能比塑料袋贵10万倍，但从商品的实用属性来讲，奢侈品皮包与塑料袋的基本功能无异，都是装东西。但那10万倍的差价出在哪儿呢？就出在精神宇宙中的情绪价值。当下任何产品想要有更高溢价空间就必须着眼于消费者精神层面的满足。只在产品功能方面精益求精是不够的，在满足人们物质需求的同时给予其更多的精神享受和社会性认同才是唯一出路。

元宇宙概念的提出其实并不新鲜，早在17世纪，法国哲学家笛卡儿就已提出"心物二元论"的概念。精神满足在某种程度上甚至比物质满足更加重要，比如：榜样的力量、社交属性的意义、舍己为人的思想、利他主义的思潮，以及梦想、希望、期盼……随着现实物质世界满足的难度增加，导致人们更加追求精神世界的满足，所以近些年泛娱乐化经济得到了蓬勃发展。日常生活的物质宇宙与满足精神需求的"次元"宇宙构成了我们今天的元宇宙。

人类几乎是这个世界上唯一需要精神世界满足的物种，即使是与物质世界毫不相关的行为也可能带给人们情绪上空前的满足及愉悦感，比如：看小说、看话剧、看电影、玩手游、追剧、唱歌、玩剧本杀、给主播打赏……以上行为从本质上讲，对于物质世界需求的满足可能毫无价值，但因为满足了人类的精神需求，使得它们变得格外有价值。

从技术上讲，目前北京最高端的商场提供的SKP实体服务，只能将技术提供给线下亲临现场的顾客。但进行元宇宙化之后，便利性可以普及全国，来自全国的买家都可以通过VR虚拟现实技术体验到SKP的服务，而不仅仅只是在网上点击一个链接后进行购物。元宇宙化之后，买家可以脱离物理限制，依托网络享受到最高级的服务，越高端的品牌越强调服务感受而非产品本身：在家逛故宫，听清华、北大教授讲课，去大兴安岭冒险，看西藏米堆冰川等。抛开技术不谈，今天我们将探索在技术带来的便利性背后，元宇宙日渐成熟的营销体验逻辑思维。

一句话统而概之：**将所有营销参与者均赋予角色定义，并为其制定逻辑线路的同时，鼓励消费者彰显其消费行为结果，就是元宇宙营销。**

元宇宙营销思维具有以下四个特点：一是确定消费者角色；二是确定消费及体验路径；三是确定消费者行为结果及衍生效果；四是鼓励并帮助消费者制定消费成果裂变方法。

全球最大的社交网络Facebook更名为Meta，美国支付巨头Square更名为Block，字节跳动斥资90亿元购买VR起步公司Pico，腾讯all in全真互联网概念等。这些企业的相同点是开拓元宇宙市场，不同点是部分企业在努力搭建技术壁垒，部分企业在制定服务规则。

为什么你的买家对你的门店忠诚度不高？为你拉新意愿不强？为什么裂变效果差？为什么复购率低？共同答案只有一个——在买家的心中他只是个普通卖家而已，你的未来与他毫不相关。

从元宇宙思维营销逻辑上讲，本宇宙是人们生活的真实的物理世界；次元宇宙是虚拟的电视、电影、手游、动漫、短视频、直播等；元宇宙是本宇宙和次元宇宙向上延伸的交叉点。在元宇宙中每个人不仅具有自身的物理属性，还具备角色属性。现实的生活让每个具有物理属性的人疲惫不堪，因而角色属性是所有人共同的追求。将你的消费者赋予角色后，你得到的将不再是普通的消费者，而是你的“围墙”、“军师”、参谋、员工……让买家成为卖家世界的一部分，品牌忠诚、拉新、裂变、复购等问题将迎刃而解。

任何新概念的提出必将受到来自多方面舆论的评价，“元宇宙”营销思维作为角色营销方法引申而来的方法论，已在众多企业的经营销售环节中得到了确切的印证。日后若有相关案例及营销方法设计，欢迎交流讨论。

目录

第一章

元宇宙的概念与价值

一、什么是元宇宙，与我们有什么关系

（一）关于元宇宙

什么是元宇宙？

正所谓“一千个人眼里就有一千个哈姆雷特”，因而可以从多个角度、多个层次去解释什么是元宇宙。

关于元宇宙最有代表性的定义是：元宇宙是一个平行于现实世界，又独立于现实世界的虚拟空间，是映射现实世界的在线虚拟世界，是越来越真实的数字虚拟世界。综合比较而言，维基百科中对元宇宙的描述更符合元宇宙的新特征，即通过虚拟增强的物理现实，呈现收敛性和物理持久性特征的，基于未来互联网的，具有连接感知和共享特征的3D虚拟空间。

2021年语境下的元宇宙的内涵已经超越了1992年《雪崩》中所提到的元宇宙：吸纳了信息革命（5G/6G）、互联网革命（Web 3.0）、人工智能革命，以及虚拟现实技术（VR）、增强现实技术（AR）、混合现实技术（MR），特别是游戏引擎在内的虚拟现实技术革命的成果，向人类展现出构建与传统物理世界平行的全息数字世界的可能性；引发了信息科学、量子科学、数学和生命科学的互动，改变了科学范式；推动了传统的哲学、社会学，甚至人文科学体系的突破；囊括了所有的数字技术，包括区块链技术成就；丰富了数字经济转型模式，融合DeFi、IPFS、NFT等数字金融成果。

1.从“人”的角度去解释“元宇宙”

元宇宙是人类数字化生存的最高形态。互联网让人有了线上“化身”，于是产生这样的说法：“在互联网上，没有人知道你是一条狗”，互联网上的线上“化身”使数字世界与现实世界分离；元宇宙让人有了数字世界的“分身”：作为一个虚拟数字人的你，既与现实世界的你是数字孪生的一对，又是原生于数字世界的另一个你，可能比现实世界的你要更丰富多彩、生动灵现、角色多元。元宇宙也是人的社会、人的世界。只不过，它是人的虚拟社会、人的数字世界。

元宇宙本质上同过去几千年的现实社会一样，人类致力于生存、繁衍。元宇宙就如哲学家、宗教学者詹姆斯·卡斯描绘的“无限的游戏”一样。在无限的游戏里，没有时间、空间，没有结束、终局；只有贡献者，没有输者赢家；所有参与者都在设法让游戏能够无限持续下去。正如他在《有限与无限的游戏》一书中所说“无限游戏的参与者在所有故事中都不是严肃的演员，而是愉悦的诗人。这一故事永远在继续，没有尽头”。很难设想元宇宙会类似竞技运动或者博彩游戏。你的数字“分身”，生命周期可以是无限的，尤其是在AI的帮助下，甚至可以让你在身后活出更大的精彩。

元宇宙是一个规模成本递减、规模收益递增的生态系统，能保持生生不息、延绵不绝。复杂系统科学发源地圣塔菲研究所的前所长、物理学家杰弗里·韦斯特在其《规模：复杂世界的简单法则》一书中，探讨了生物、企业、城市的成长与消亡的周期问题。城市的兴衰跨越数百年，而企业的兴衰平均只有数十年。没有任何一家企业的寿命能够超越一座城市。其中一个最重要的原因就在于企业是一个自上而下的封闭系统，以市场竞争为手段，以追求利润最大化为目标，遵循边际成本递增、边际收益递减的规律。规模永远是企业不可逾越的“边界”；而城市则是一个开放、包容的系统，呈现出生态体系的特征。城市的人口数量每增加1倍，公共配套设施只需要增加0.85倍，而知识传播、工作岗位和创新能力，都会因为人群的集聚而成倍增长。城市遵循的是规模成本递减、规模收益递增的规律。

元宇宙是新一代的网络：数字网络。且在“无线游戏”中，元宇宙的治理结构、经济模式、商业模式都是有迹可循、有理可依的。“无限游戏”的元宇宙治理结构是分布式、去中心、自组织的。加入元宇宙是无须许可的，沉浸在元宇宙中是自由自在的。元宇宙制定规则依靠的是共识，遵守规则依靠的是自治。元宇宙经济模式是“利益相关者制度”。价值共创者就是利益共享者，没有股东、高管、员工之分。所有参与者“共建、共创、共治、共享”。元宇宙商业模型是创作者驱动，是元宇宙“无限游戏”的关键。内容丰富多彩、引人入胜。互联网是消费者驱动，用户数是互联网估值的核心指标。区块链是技术开发者驱动，开发者社区的建立是区块链成功的标志。元宇宙不是下一代互联网，而是下一代网络。CT技术构成了通信网络；计算机互联网构成了信息网络；而人类社会迈入数字化时代，人工智能、云计算、区块链等构成了数字网络。

如今，“虚拟世界联结而成的元宇宙”，已经被投资界认为是宏大且前景广阔的投资主题，成了数字经济创新和产业链的新疆域。不仅如此，“元宇宙”为人类社会实现最终数字化转型提供了新的路径，并与“后人类社会”发生全方位的交集，展现了一个可以与大航海时代、工业革命时代、宇航时代具有同样历史意义的新时代。

2020年，在全球新冠疫情背景下，以下典型事件触发了人们对元宇宙的期待。其一，虚拟演唱会：美国著名流行歌手Travis Scott在游戏《堡垒之夜》（Fortnite）中举办了一场虚拟演唱会，全球1230万游戏玩家成为虚拟演唱会观众。其二，虚拟教育：家长们在沙盘游戏《我的世界》和Roblox上为孩子们举办生日派对。其三，虚拟金融：CNBC报道元宇宙的地产浪潮，投资元宇宙资产基金的设立，全方位虚拟化元宇宙资产和财富模式正在形成。其四，学术活动虚拟化：全球顶级AI学术会议计算机和人工智能国际会议（ACAI）在《动物森友会》（Animal Crossing Society）上举行研讨会。其五，虚拟创作：Roblox影响了整个游戏生态，吸引的月活跃玩家超1亿人，创造了超过1800万个游戏体验。

如此发展下去，人们很快可以随时随地切换身份，穿梭于真实和虚拟世界，任意进入一个虚拟空间和时间节点所构成的元宇宙，在元宇宙中学习、工作、交友、购物、旅游。但对于这样庞大的经济系统、社会系统和社会生态，人们目前的想象力显然是不够的。

2021年被称为元宇宙元年。元宇宙呈现超出想象的爆发力，其背后是相关元宇宙要素的“群聚效应”（criticalmass），近似1995年互联网所经历的“群聚效应”。

2. 从技术角度去理解元宇宙

在技术视角下，技术意义的元宇宙包括内容系统、区块链系统、显示系统、操作系统，最终展现为超越屏幕限制的3D界面，所代表的是继PC时代、移动时代之后的全息平台时代。

支持“元宇宙”的技术集群包括5个板块：其一，网络和算力技术，包括空间定位算法、虚拟场景拟合、实时网络传输、GPU服务器、边缘计算，降低成本和网络拥堵；其二，人工智能；其三，电子游戏技术，例如支持游戏的程序代码和资源（图像、声音、动画）的游戏引擎；其四，显示技术，VR、AR、拟真现实技术（ER）、MR，特别是扩展现实技术（XR），持续迭代升级，虚拟沉浸现实体验阶梯，不断深化的感知交互；其五，区块链技术，通过智能合约，去中心化的清结算平台和价值传递机制，保障价值归属与流转，实现经济系统运行的稳定、高效、透明和确定性。

元宇宙是以“硬技术”为基础的，包括计算机、网络设备、集成电路、通信组件、新型显示系统、混合现实设备、精密自由曲面光学系统、高像素高清晰摄像头。2021年，虚拟现实穿戴设备制造商Oculus的最新VR产品销量持续超预期，再次点燃了市场对于虚拟现实的想象。元宇宙形成的产业链将包括微纳加工、高端制造、高精度地图、光学制造（如衍射波导镜片、微显示和芯片制造），以及相关的软件产业。最终，元宇宙的运行需要物理形态的能源。

3.通过自然转型、抽象代数、量子力学等不同方面理解元宇宙

被称为“自然转型”（natural transformation）的理论，属于“范畴理论”（category theory）的分支，描述两个数学结构如何存在映射关系，有助于从抽象数学层次理解元宇宙形成的深刻原理。

抽象代数所建立的同态映射与同构模型，显示元宇宙是具象的，也是抽象的。具象的元宇宙是以抽象的元宇宙为基础的。抽象的元宇宙首先是数学意义的元宇宙。抽象代数是研究元宇宙的数学工具。因为抽象代数基于“群、环、域”的概念，通过研究确定一个对象集合的性质以理解与解决另一个对象集合中的复杂关系问题，寻找可能存在于它们之间的某种集合元素对应变换的等价性，符合“第一群同构定理”，现实世界与虚拟世界之间存在对称和映射关系。如果R是现实世界的客体元素集合，R′ 是虚拟世界或元宇宙中的虚拟元素集合，进而R'是对现实世界R的缩小或压缩，即虚拟世界R'<现实世界R，进而可以综合得出“元宇宙”是现实世界R与虚拟世界R'之和。

通过量子力学的研究，发现在可观测的宇宙中，其大部分的组成来自26.8%的暗物质和68.3%的暗能量。不仅如此，物质99%的空间都是空的。唯有量子、粒子作为一个零维的点，可以穿过坚不可摧的墙，同时存在于两个地方。当环境发生变化时，量子可以改变自身的状态。可见，量子力学与全息宇宙的理论存在极大的重合性。整个宇宙可以被看作一个二维的结构，加上人类信息，构成三维世界模式。在新的模式中，所有存在的事物都可以编码成量化的意识。或者说，人们的记忆主要依靠的是不同的意识时刻编码形成的信息。

美国维克森林大学医学院的罗伯特·兰扎（Robert Lanza）教授指出：人们的意识创造了宇宙，而不是宇宙创造了人们的意识，时空是“意识工具”。没有意识，所有的物质都会处在一个不确定的状态下。不仅如此，时间不是真的存在，

空间也只是人们感知事物的一个概念。任何关于时间和连续性的看法实际上都是一种错觉。

经过量子力学所诠释的元宇宙，就是可以完美诠释并描述我们所有经历的一个又一个意识的“信息块”。在这样的意义上，元宇宙是全息的。

（二）元宇宙的必备要素

提起元宇宙，所要介绍的是差别极大的代表作品：电影《头号玩家》和游戏Roblox。《头号玩家》的“绿洲”是一个虚拟现实世界，玩家在其中可以真切地感受现实；而游戏Roblox在图形和内容方面都显得有些不完整。

两者的差异主要表现为：玩家在哪里？是否需要VR设备？《头号玩家》里的玩家在游戏中，而Roblox的玩家在游戏外，要通过电子屏幕登录才能进行游戏活动。《头号玩家》需要配备VR设备和触觉套装等多种装备，而Roblox只须有一部智能手机，就可以随时随地登录。

那么，类似Roblox这样的游戏都可以称为元宇宙吗？不是的。从所有的游戏都不是现实，而是“虚拟”这一点上来看，可以把它们称为虚拟世界。游戏中的虚拟世界要成为元宇宙，需要具备三个要素，即自由度、社交（沟通）和收益化。

1. 自由度

首先要素是对“自由度”的判断：在游戏开始的时候有无可挑选的角色，或者在剧本中是否有部分分界点等。比如《最终幻想》系列和《勇者斗恶龙》等，扮演游戏中的一个用巴（如男士、骑士或巫师等），完成设置的任务，击退魔徒，为世界带来和平，这种游戏叫作角色扮演游戏（RPG）。扮演成骑士去冒险打败魔王的动作游戏《魔界村》，扮演成小恐龙用泡沫与敌人搏斗的动作冒险游戏《泡沫冒险》，还有格斗游戏《街头霸王》和《铁拳》等都是角色扮演游戏。

这些游戏都有既定的故事情节和角色，所以能赋予玩家的“自由度”相对缺失。而要成为元宇宙，就需要高度自由的环境，反映现实世界。因为我们生活的现实不是拼凑的生活，所以自由度很高。因此游戏如果想要存在较高的自由度，是不可能一次完成的，需要玩家反复登录执行任务。

2. 社交（沟通）

成为元宇宙的第二个要素就是“社交中的沟通”。一个人玩游戏，相比与别人联机玩游戏，其中存在很大的差异。虽然现在大多数游戏都可以戴着耳机边玩游戏边聊天。但是，在元宇宙中，不仅可以使用除了“音频”之外的方式来传达话语，如肢体动作等，还可以无沟通障碍地与别人进行物品交易、结伴打猎等，更加自主地开展一些更加积极的沟通交流。再比如潜水，本身就是个普通的日常生产劳作行为，但将潜水与橄榄球运动进行叠加并赋予了勇气、智慧、自由、冒险、探索未知等概念后，在一线及准一线城市便获得了消费者的广泛认可。

水下橄榄球正获得一线及准一线城市年轻人的追捧

3. 收益化

第三个要素是“收益化”。所谓的“收益化”是指，如果玩家在一款“自由度”既定的游戏里自由地创造城市、塑造角色，或者制作另一款游戏，那么能否通过这些行为赚到现实世界里的钱。虽然以前也有过在游戏里通过销售装备变现的情况。但在元宇宙中，这种盈利行为被合法化，玩家不仅可以在元宇宙里销售自己制作的物品、建筑物甚至土地，获得网络货币，还可以把网络货币转换成现实世界的货币。在元宇宙中，玩游戏不再是脱离现实的“浪费”，而成了真正带来收益的经济活动。

元宇宙将会成为一个富有吸引力的世界，不仅能促进那些在现实世界中还没有找到合适工作的人就业，还能创造一个与现实完全不同的收益渠道。能否拥有这种收益化系统是决定元宇宙竞争力的强有力因素。

（三）元宇宙特征

有人称元宇宙是社交网络的终极进化版本，依托先进技术，创造出一个更接近现实的网络平行世界。2021年，互联网巨头纷纷进军元宇宙，点燃了整个行业爆炸式发展的导火线，2021年因此被称为元宇宙元年。

不同的管理者对正在形成特定构造的“元宇宙”，提出关于其的不同特征与不同层次。Roblox的CEO David Baszucki提出了“元宇宙”的8个基本特征：身份（ldentity），对应现实世界在虚拟的元宇宙世界中的虚拟身份；朋友（Friends），在元宇宙中进行社交和经济活动；沉浸感（Immersive），让用户体验犹如现实世界的体验，沉浸式不可或缺；低延迟（Low Friction），实现网络状态的快速反应；多元化（Variety），实现超越现实的自由和多元性；随地（Anywhere），不受时间地点限制，可以随时随地进入游戏世界；经济系统（Economy），区别于传统经济，创建平台内部的经济系统；文明（Civility），就如同一个个的社会圈。基于Baszucki的标准，元宇宙=创造+娱乐+展示+社交+交易，人们在元宇宙中可以实现深度体验。Beamable公司创始人JonRadoff也提出“元宇宙”构造的7个层面：体验（Experience）、发现（Discovery）、创作者经济（Creator Economy）、空间计算（Spatial Computing）、去中心化（Decentralization）、人机互动（Human-computer Interaction）、基础设施（lnfrastructure）。

（四）元宇宙经济

理论突破很难从大而全的概括中产生。世界纷繁复杂、万物普遍联系。因此，研究理论、总结规律需要几个条件：其一，合理的取舍。从万物普遍联系中，分离出那些最具代表性、先进性，变化程度最高的典型案例。其二，研究这些案例，找到原子级别不可再分的构成要素；研究这些要素的特征和要素间的关系，甚至定义出原子级别的操作。其三，回归到整体。整体的问题还需要整体求解，并经过时间和各种其他要素的检验。

元宇宙经济就是数字经济的最佳范例，从元宇宙入手，就可以得出和传统经济学，包括秉承新自由主义经济学和新制度经济学的所有经济学家，完全不同的结论。虽然我们还不能说完全推翻了这些传统经济学的种种教条，但是一个完整的、先进的经济学体系正在建立。元宇宙经济学的先进性，恰恰在于元宇宙实践的特殊性。

元宇宙是一个完整、自洽的经济体系，是纯粹的数字产品生产、消费的全链条。从商品的属性来看，元宇宙经济学和传统经济学相同，遵循相似的供需规律，但是从商品生产、消费的全链条来看，又完全不同。元宇宙中的商品，完全是在元宇宙中制造和消费的，层层剖析到最后，无非是“0”“1”的排列组合。从某种意义上来看，元宇宙的商品是脱离物理世界的单独存在，尽管它们之间可以发生千丝万缕的联系。

依据元宇宙的特性，可以把经济划分为两种类型：以实物商品为主要研究对象的传统经济，以数字商品为主要研究对象的元宇宙经济。数字经济是以数字要素作为关键生产资料的经济活动。传统经济升级的方向是数字经济，数字经济中最活跃、最彻底、变化最剧烈的部分，恰恰是元宇宙经济。因此，元宇宙经济中蕴含的经济规律就具备了普适性。长期以来，传统经济学的研究已经进入误区，走进了封闭、保守的圈子。传统经济学家对信息科技引起的变化不敏感，在社会变化最剧烈的领域几乎整体性失声，相反，未来学家大行其道。传统的西方经济学已经失去了解释世界变化的能力，更谈不上预测未来。经济学亟须在继承中创新，在创新中升华，形成新的经济理论体系。元宇宙经济的特殊性体现在数字商品的创造和消费中，数字商品不消耗任何的物理世界的“物质”，也不存在物理世界的仓储、物流等问题，在某种意义上呈现“量子”的特性。本质上数字商品，数字物体都是“离散”的、不遵循任何物理规律的，所有在元宇宙呈现的“规律”都是代码规定的人工规律，可以模拟任何物理规律，譬如量子纠缠、瞬间移动等。在元宇宙中，时间和光速都是可以任意修改的参数。

元宇宙也是五脏俱全的社会，“阿凡达们”在不同的元宇宙中可能代表人们真身的某个侧面。善良的愈加善良，邪恶的愈加邪恶。物理世界的任何政府，无论秉持什么样的意识形态，总是要惩恶扬善的，总是要以保护生命为主，并将其作为基础的社会价值。但是就像神话中创世之后有天堂和地狱之分，元宇宙中也有地狱一样的存在。这些问题，将在第五章详细探讨。

元宇宙天然是“原子性”的，所有物品、关系、规则，最终都体现在二进制代码“0”“1”的排列组合中。我们无法在元宇宙中再细分这两个最小的组成单位。物理世界则不同，一路细分下来，发现原子，进而发现原子的组成要素有质子、中子、电子，再细分发现质子、中子由夸克组成，再研究夸克，发现其不过是一份离散的能量。科学家开始用“弦”来描述夸克，那用什么来描述“弦”呢？按照弦论的观点，宇宙不过是几种“弦”通过不同振动方式构成的一首华丽的乐曲而已。宇宙和元宇宙到底哪个才是更真实的存在呢？

在元宇宙中的原子性和离散性是确切无疑的。基于原子性的要素，人们可以定义基础的原子性操作，周全而无遗漏。布尔代数完全穷尽了“0”和“1”的所有操作。元宇宙同物理世界的关系，可以通过采样定理决定，物理世界可以在元宇宙中被精确还原，譬如在元宇宙中可以构建宏观物体的量子态。反之则未必成立。

比特币定义了金融场景的原子操作，就是点对点的货币支付。所有金融行为，最终都可以归结为点对点货币支付。由点对点金融支付，可以衍生出所有的金融业务。以太坊定义了数据变换的原子操作，就是点对点的数据变换，可以通过编程的方式实现任何点对点的数据变换，并且确保这种变换是不可逆的、不可被篡改的。这就实现了元宇宙社会中，关于“信任”“信用”的原子性操作。

二、元宇宙的价值是什么

（一）元宇宙价值

人类在关注和参与元宇宙的形成与发展过程中，传统的生命概念、时空概念、能量概念、族群概念、经济概念和价值观念都会被改变和颠覆，甚至触及哲学、伦理学。

因为元宇宙，导致人们重新思考基本的哲学概念：先验知识、存在和存在主义、经验主义、二元论、语言本质、超现实社会、单向度，进而影响对以下哲学家所提出的哲学思辨的认知。

第一，笛卡儿（RenéDescartes）的“二元论”。笛卡儿认为：心灵和身体是两个不同的领域，进而提出是否存在支配两者的普遍法则的问题。在元宇宙世界，心灵和身体发生重合，完全实现了“我思故我在”。只有在认识论

（epistemology）的意义上，世界才是依赖主体的，或者说是主体建构了世界的性质。

第二，萨特（Jean-Paul Sartre）的“存在”与“虚无”的关系。萨特的代表作《存在与虚无》（*L'Etre et le Néant*），通过“存在与虚无”的二元性代替了“物与人”的二元性，进而提出人被虚无所包围，虚无即是人的真实存在，人终究被非存在所制约。所以，人就是虚无，并且是一切虚无之源。而元宇宙的本质，实现了存在和虚无的真实“关联”和“统一”。

第三，福柯（Michel Foucault）的“我应该是什么”。根据福柯的《词与物》（*Les Mots et les choses*:*un archeologie des scienceshumaines*），在18世纪末以前，并不存在人。“人”是新近的产物，是现代认识型的产物。因此，福柯在《词与物》一书的最后一页写道:“人将被抹去，如同大海边沙地上的一张脸。”于是,“人之死"（death of men）就不可避免。福柯的后现代理论对现代体制的质疑，为虚拟空间和“元宇宙”造就替代传统人类的“新人类”提供了合法性缘由。

第四，海德格尔（Martin Heidegger）和维特根斯坦（LudwigWVittgen-stein）的“语言就是世界”。海德格尔认为：语言并不是一个表达世界观的工具，语言本身就是世界。维特根斯坦的语言理念则是：语言就是游戏，也是一种生活形式。“元宇宙”的语言系统不同于传统人类自然语言，而是计算机程序语言，以及代码转化的文本、声音、图像、视频，以及其他符号形式，进而构成新的文明规则。所以，其中的活动与游戏，以及语言游戏之间并没有清晰的边界。如果海德格尔和维特根斯坦看到“元宇宙”的语言深层结构，他们会重新定义语言与人类社会活动的关系。

第五，博德里亚尔（Jean Baudrillard）的“大众化的虚无世界”。博德里亚尔在他的《在沉默的大多数的阴影下》（*Ar ombre desmajorités silencieuses*）中，表现出对当代社会的敏锐观察：旧的阶级结构瓦解，传统社会秩序的所有支点都不可避免地“中性化”，进入了所谓的大众化的虚无世界，或者虚无状态，现实与虚构之间的界限已经消失。不得不承认，“元宇宙”就是现代社会走向虚无趋势的一种具有积极意义的显现。

过去100年里，人类基本解决了衣食住行等现实世界的种种基本困扰。

过去30年里，人类创造了可以承载精神寄托的网络平台和数据工具。

在元宇宙里，现实世界中我们无法企及的幻想和难以排解的焦虑，都可以得到释放：肆意放纵的意志和天马行空的臆想。而且，同样可以在现实世界里小试锋芒。人类归根结底是精神生物，几千年的产业文明积累让我们享受物质化生存，而几十年的互联网和数字革命则让我们回归精神社会。

元宇宙——人类初心。

2021年7月15日，在北京瑞吉酒店举办的盖亚星球大会上，金融博物馆理事长王巍对约300名被称为Z世代人类的年轻大学生讲道：“元宇宙不是一个，而是无数个。每个人都有自己的元宇宙，每个人还可以有许多个同时叠加的元宇宙。你们这一代远比我们这些还在现实世界中挣扎的传统一代更加快乐和有创造力。”

元宇宙不同于哲学家的冥想空间，这是一个数据化、网络化、智能化的大千世界，我们可以设计、编辑、运行、体验和把握的超现实世界，而且可以关联、干预、创造和操控我们生存的现实世界。理解“元宇宙”，我们才能更好地理解和享受我们的现实世界。

（二）名人评价元宇宙

1. 尼尔·斯蒂芬森（Neal Stephenson），科幻作家、《雪崩》作者

“只要戴上耳机和目镜，找到一个终端，就可以通过连接进入由计算机模拟的另一个三维现实，每个人都可以在这个与真实世界平行的虚拟空间中拥有自己的分身（Avatar）。在这个虚拟世界中，现实世界的所有事物都被数字化复制，人们可以在虚拟世界中做任何现实生活中的事情，比如逛街、吃饭、发虚拟朋友圈。此外，人们还可以完成真实世界里不能实现的野心，比如瞬时移动等。”

1992年，尼尔·斯蒂芬森的科幻小说《雪崩》（*Snow Crash*）中提出了“metaverse”（元宇宙，中译本译为“超元域”）这个概念，描述了一个平行于现实世界的虚拟世界（Metaverse），所有现实生活中的人都有一个网络分身Avatar，现实人类通过虚拟现实设备与虚拟人共同生活在虚拟空间。受到尼尔·斯蒂芬森的启发，林登实验室（Linden Lab）于2003年推出游戏《第二人生》（Second life），这是一个开创性的现象级虚拟世界，人们可以在其中社交、购物、建造、经商；它不是单纯的游戏，没有故意制造的冲突和明确设定的目标，而是拥有更强大的世界编辑功能与更发达的虚拟经济系统。如果从开放多人游戏的角度理解元宇宙，那么元宇宙的孕育甚至可以回溯到20世纪70年代末以文字为交互界面的、将多用户联系在一起的MUD游戏。但显然，这些开放多人游戏与当前引发热议的“元宇宙”概念已相距甚远。

2. 马克·扎克伯格（Mark Zuckerberg），Facebook创始人兼首席执行官

“元宇宙是跨越许多公司甚至整个科技行业的愿景，你可以把它看作移动互联网的继任者。元宇宙将带来巨大的机会，包括对于创作者和艺术家，对于想在远离城市中心的地方工作和拥有住房的人，对于居住在教育和娱乐机会匮乏的地方的人，元宇宙里的应用可以是3D的，但也不一定是3D的。一个成为现实的元宇宙是仅次于‘瞬间转移’装置的次佳选择。我希望在未来五年左右，让Face book公司成功转型为一家元宇宙公司。”

3. 肖风，万向区块链董事长兼总经理

元宇宙不是下一代互联网，而是下一代网络——数字网络。元宇宙是人类社会数字文明形态的核心和基础，是利益相关者的经济体，主要是由创作者经济驱动的。

“数字化迁徙的运动正在网络世界、虚拟空间里建立一个数字化新世界——元宇宙，这个新世界可能蕴藏着比物理世界更大的财富宝藏。互联网、区块链、虚拟现实、增强现实、人工智能等新技术都是人类驶向数字世界的帆船。随着物联网的兴起，物理地球上的每一件物体或者绝大部分物体，在元宇宙中也会有对应的身份。物理地球上面的商务活动、社交活动、政务活动在元宇宙中也有对应。我们一定要争做元宇宙的新移民，千万不要做物理世界的旧遗民。”

三、元宇宙的发展

那么，“元宇宙”究竟指什么呢？“元宇宙”的概念还未有统一的界定。从字面意思理解，“Meta”和“元”意味着“超级”“超越”，是一种更高的、超越的状态，“Universe”和“宇宙”意味着“空间”“世界”，是全面的、广泛的存在。综合“元宇宙”字面意思，即超越现实世界的、更高维度的新型世界。可问题的关

键在于应该如何理解这种超越。从基础层面理解，所谓“元宇宙”就是互联网、虚拟现实、沉浸式体验、区块链、产业互联网、云计算及数字孪生等互联网全要素的未来融合形态，又被称为“共享虚拟现实互联网”和“全真互联网”。但元宇宙不是某一项技术，而是一系列“连点成线”技术创新的集合。它集区块链技术、交互技术、电子游戏技术、人工智能技术、网络及运算技术等各种数字技术之大成，最终成为现在及未来全部数字技术的终极数字媒介。因此，它将实现现实世界和虚拟世界连接革命，进而成为超越现实世界的、更高维度的新型世界。本质上，它描绘和构造着未来社会的愿景形态。

虽然有不少专业人士指出，当前对元宇宙的讨论存在过度预期的风险，但我们在承认当下数字技术发展水平，离建构真正意义上的元宇宙还有很大一段距离的同时，更需意识到的是，“泡沫”的存在及其程度其实也是技术对于现实关联的深刻性与改变程度的一个指标——足够重要、足够深刻，社会才会聚焦；越突破、越有想象力，讨论才越热烈。从这个角度来看，社会各界对元宇宙的热议与畅想恰恰是因为元宇宙作为一个未来互联网全要素关联融合的愿景，激活了人们对于未来互联网发展的极大想象力。所以说，尽管在元宇宙概念的社会性膨胀中确有巨大的泡沫，但它的深远价值是在一个更高的维度上确立了未来互联网发展的方向。换言之，元宇宙从互联网发展的终极形态的技术意义上，定义着今天的技术迭代和产业发展的方向。

人类的文明史有多久，人类对探讨“宇宙”的持久历史就有多久。公元前450年，古希腊哲人留基伯（Leucippus，约前500年—前440年），从米利都前往一个叫阿夫季拉的地方，撰写了一本著作《宇宙学》(*The Great Cosmology*)。之后，他的弟子德谟克利特（Democritus，约前460年—前370年）又写了《宇宙小系统》(*Little Cosmology*）一书。在他们师生二人的不懈努力下，构建了古典原子论和宇宙学的基础。

（一）世界元宇宙

当人类将自己的价值观念、人文思想、技术工具、经济模式和“宇宙”认知结合在一起的时候，被赋予特定理念的“宇宙”就成了“元宇宙”。在这样的意义上，元宇宙经历了三个基本历史阶段。

第一阶段：在历史阶段，以文学、艺术、宗教为载体的古典形态的元宇宙。在西方世界，《圣经》《神曲》《蒙娜丽莎》及宗教音乐。其中，但丁的《神曲》包含了对人类历经坎坷的“灵魂寓所”——一个闭环式的至善宇宙的想象。在东方世界的中国，《易经》《河图洛书》《西游记》是独具东方特色的元宇宙代表。

第二阶段：以科幻和电子游戏形态为载体的新古典元宇宙。其中，最有代表性和震撼性的莫过于1999年全球上映的影片《黑客帝国》（The Matrix），一个看似正常的现实世界可能被名为“矩阵”的计算机人工智能系统所控制。最经典的作品是200年前雪莱夫人的科幻小说《弗兰肯斯坦》（*Frankenstein*）和J.K.罗琳的《哈利·波特》（*Harry Potter*）。1996年，通过虚拟现实建模语言（VRML）构建的Cybertown，是新古典元宇宙重要的里程碑。

第三阶段：以“非中心化”游戏为载体的高度智能化形态的元宇宙。2003年，美国互联网公司Linden Lab推出基于Open3D的“第二人生”（Second Life）是标志性事件。

（二）中国元宇宙

中国发展元宇宙的潜力在于用户基数大，而且有强大的新基建支持。基于消费和社交互联网发展优势，目前主要互联网平台企业都在布局元宇宙，如收购VR设备、元宇宙游戏设计企业，自建元宇宙社交平台，借助数字人进行企业形象展示和宣传等，消费元宇宙具备发展潜力，如百度开发元宇宙虚拟社交平台，腾讯计划以游戏切入布局元宇宙等。但是国内互联网产业元宇宙尚未看到有代表性的企业案例，提出以产业元宇宙为主打的企业不多，华为公司较有竞争力。

部分互联网企业将元宇宙视为未来更大的流量入口。该部分企业希望改进已有应用程序和社交模式，从而创造新的增量市场。有分析师认为，互联网企业会在游戏、社交、会议、教育、娱乐等方面布局，以实现增进用户体验的方式将已有用户吸引至新平台上。具体表现在应用层发展最快的元宇宙游戏和社交等细分领域，元宇宙社交目前只是非常初级的应用。基于游戏社区的用户生产内容（UGC）的激励体系较为成熟，内容创造方面的技术门槛正在降低。如公众号打赏、直播间刷礼物、带货、网赚等均已经成为常用的从虚拟世界变现的方式。全国首个超写实数字人AYAYI在小红书亮相时，首发帖阅读量近300万，一夜涨粉近4万，涨粉量打破了真人关键意见领袖（KOL）潮流社区历史之最，并得到娇兰、巴宝莉等品牌方认可。

在监管方面，现在明确规定区块链加密币的交易和投资是禁止的，不支持与法定货币的兑换。如NFT、去中心化自治组织（DAO）和去中心化金融（DeFi）等尚未被大众所知，也没有制定相关标准和法规。

我们可以将元宇宙的发展，划分为五个阶段：起始阶段、探索阶段、基础设施大发展阶段、内容大爆炸阶段和虚实共生阶段。而当前的元宇宙正处于探索阶段中后期，具体特征如下：

在世界范围内，从发展理念、技术进步、产品应用、体系搭建等维度来看，美国和中国是元宇宙建设最为成熟的两个国家。

元宇宙的未来发展，以Roblox为代表的企业得到资本市场的认可，以Soul、Oculus VR为代表的企业得到腾讯、Facebook等的认可，以Omniverse为代表的企业得到老牌技术厂商NVIDIA的认可。

元宇宙已经引起投资公司、互联网公司、游戏公司、硬件公司、技术公司和其他传统企业的关注，其中，以Roblox、MetaApp等为代表的游戏公司，以Oculus为代表的硬件公司和以以太坊为代表的技术公司是发展中的佼佼者。

AR/VR/MR、智能数据中心、5G高速网络、IoT等技术的持续突破，即将引爆元宇宙的全面发展。

随着越来越强大的终端设备（AR/VR）的制造、高带宽网络的运行、网络算力的突破，元宇宙构想将逐步成为现实。我们正迎来技术拐点，即将跨越从概念到落地的鸿沟。

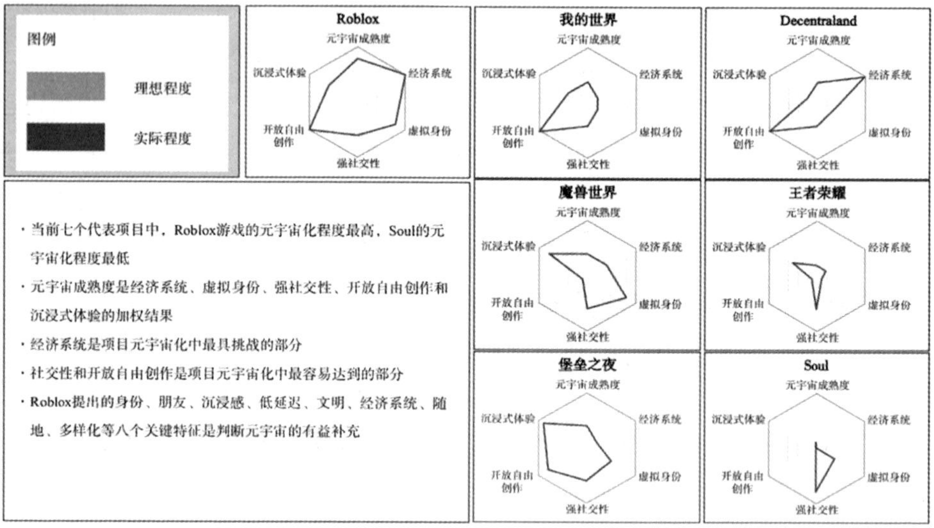

当前代表项目的元宇宙化程度（资料来源：国盛证券）

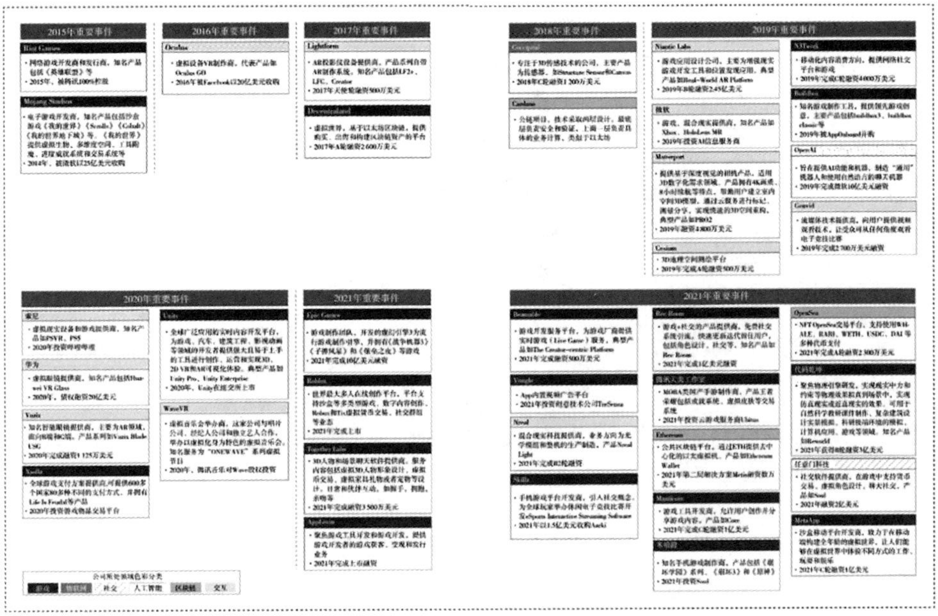

2015—2021年国内外元宇宙相关公司

（三）元宇宙的机遇

要素规模无限大。土地、数据、技术、劳动力、资本这些要素在元宇宙中一方面复制现实世界，另一方面又创造出新的要素形态。比如元宇宙内的土地不仅具有现实世界的价值属性，而且会随着元宇宙数字化的独特性进一步提升。

消费频率大幅提高。元宇宙内，产品和服务的唯一性和数字性、消费场景的独特性和虚拟性、商业模式的创新性和快速迭代性，都将刺激消费者保持较高的消费频率以满足持续被激发的多样化需求。

边际成本趋零化。元宇宙内，提供产品和服务组织的生产成本与现实世界不同，数字特征和技术特征将会推动生产边际成本接近于零，一般性经济规律在元宇宙内可能会失效。

如上所述，基于元宇宙如此庞大的经济规模，必定会诞生大量全新的业态，下面我们将尝试对一部分将会出现的新业态进行解析。

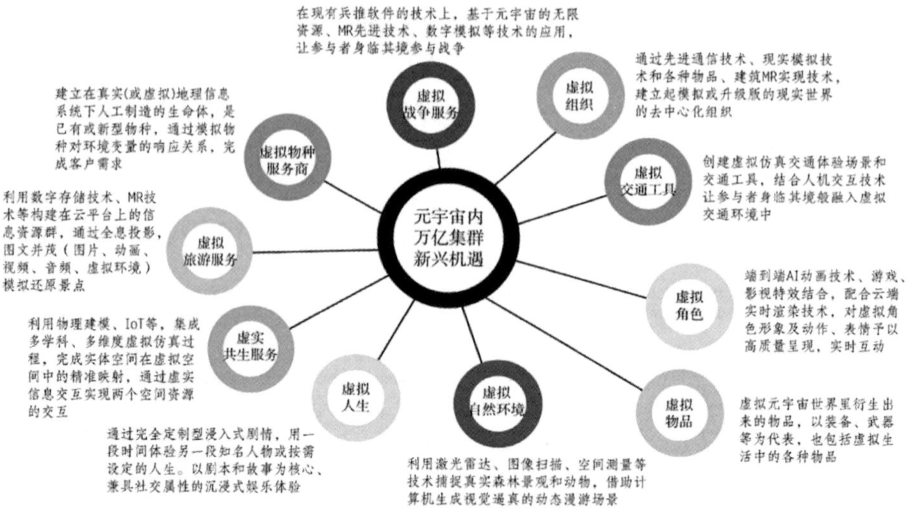

元宇宙内万亿集群新兴机遇

（四）元宇宙化

元宇宙将会赋能所有行业，激发传统行业的发展新动能，实现行业高质量发展。千行万业的元宇宙化，而这其中元宇宙化最重要的是经济体系、沉浸感、社交关系的代入。

一方面，元宇宙将会赋能现实世界的所有行业领域，并基于现有商业模式进行元宇宙化创新，推动价值链和产业链升级；利用新技术、新理念创造出新的商业模式、新的客户和新的市场。例如，作为元宇宙中的关键技术之一的区块链，将构建打破原有身份区隔、数据护城河的基础设施，通过智能合约打造新的经济系统。

另一方面，现实世界的多个领域也需要通过与元宇宙发展的融合来进一步激发其发展潜力，释放新的活力。有下列特征的领域对元宇宙化的需求最为迫切：发展空间受限、企业资源可复用、现有产品和服务数字化便捷、淘汰型行业、将会被AI淘汰的行业、周期性行业、轻资产行业、自由职业者和残障人士从事的行业。

我们既要拥抱元宇宙，又不能盲目地接受西化的元宇宙价值观。在此背景下，对于发展符合中国社会政治经济约束条件的元宇宙，需关注以下三个方面。

一是现实世界既有中心化也有去中心化的应用场景，但很少有绝对的中心化或去中心化。两种结构各有优点，在基础层（数据和技术）加强去中心化，以建立比中心化更透明、稳定、易监控防范风险和风险隔离的系统环境；而在应用层推进联盟链、区块链技术应用，在充分利用基础层提供的良好治理结构基础上，在虚拟空间复刻现实社会的社会生态结构和人类行为准则。不应以100%去中心化为目标，要客观判断元宇宙现实匹配度或实现程度（广度）的达成目标，不必超前追求去中心化程度。因为这将是漫长的社会演变，技术应服务于此进程。

二是去中心化技术不限于区块链。区块链技术本身也在不断发展迭代，现有的瓶颈问题或能通过更好的技术逐步加以解决。元宇宙带动的技术进步具有很强的溢出效应，对于提升中国创新科技水平和能力有巨大推动作用。发展元宇宙应将主要力量放在基础设施和关键核心技术方面，取得自主知识产权。在商业投资方面，除了技术路线的选择需注意技术发展的成熟程度，投资机构还应重点关注与科技伦理相关的政策风险，尤其是内容设计、数据隐私保护等方面应遵循有关未成年人保护、沉溺上瘾、意识形态、信息安全等指引，以免误投而造成重大损失。

三是紧跟元宇宙发展前沿动态，不要落后掉队。相关部门应对虚拟数字资产属性和使用进行规范，不应全面否定区块链Token在虚拟数字经济中的价值以及禁止个体在应用方面的创新尝试；应推动数字人民币在虚拟数字经济中的使用，发挥数字人民币在金融供给侧改革中的先锋作用；构建基于其上的数字化证券（STO）运行体系，充分发挥数字金融市场对数字经济的支撑和赋能作用。

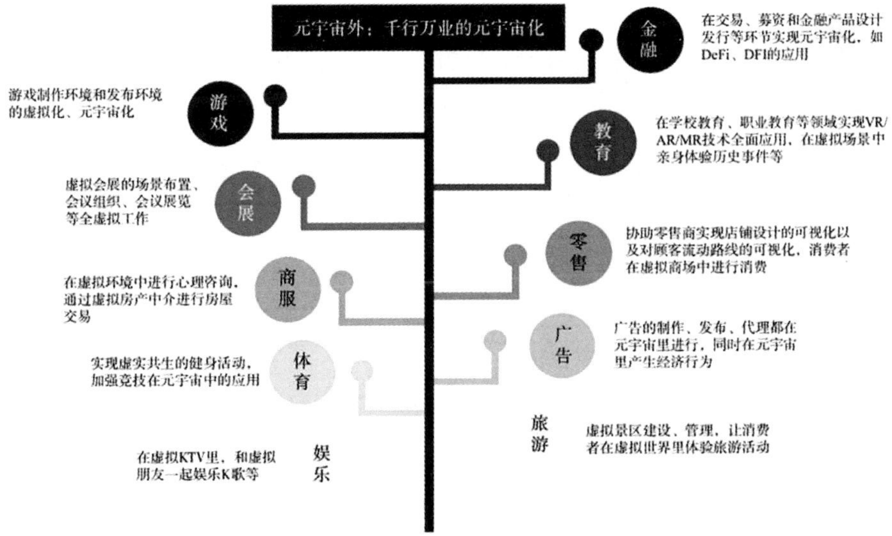

各行业的元宇宙化途径

四、元宇宙之于生活

在现实中经常看到，但是不妨碍我们现在进行自由想象：在地铁车厢里，人人都是低头族，低头看着手机。我们明明身体坐在车厢座位上，但全部心思却扑进手机世界中。在网吧里，五个人坐成一排，和另一个大陆的100个人结成联盟，向地球另一端的100多人发起“战争”。就是典型的“心在曹营身在汉”。

继续假设：你还是个小学生，拖着老师布置的暑期日记，一天又一天过去，作业却一点没有写；大人们把流水账搬到了社交软件上，在网上发布各种生活日常，比如“我今天吃了什么东西”“我最近在读哪些书”“我遇到了谁”“发生了什么好事”。

我们的身体存在于一个真实的地球上的现实世界里，而我们的生活却越发频繁地参与到数字世界、数字地球中。我们本可以在现实世界中与人交流和互动，但是随着技术的发展，却更多走进虚拟世界，在虚拟世界中分享生活。人类生而为人最基本的向往一直以来都是探寻新世界、结交新邻里、孜孜不倦、上下求索。然而人不可能实现所有的愿望，这是人性使然，也是时代推动人发展的必然结果。在现实世界里，无论我们建了多少高楼大厦、研究出多少新型产品，无论我们走过多远的路、见过多少人，终觉不够圆满。人们不单单满足于遗憾，努力构建起一个数字地球，去追寻在现实世界中诸多的求而不可得。

数字地球是一个存在于智能手机、计算机和互联网等数字媒介里的全新世界，我们把它称为元宇宙（metaverse）。元宇宙是由表示“宇宙”的“universe”与表示“虚拟”或“超越”的前缀词”meta”组合而成。换言之，所谓元宇宙，就是“超越现实的虚拟世界”。由于元宇宙的呈现形式一直在不断演化，所以即便是此时此刻，我们也很难将它抽象到某个固定的概念上。

注册成为在线社区脸书、Instagram或KakaoStoryR的活跃用户，将生活日常上传分享；或者进行网络游戏行为，在网络游戏上实现满足自己的某种需求等，这些都是在元宇宙中生活的方式。

你有没有在一款手机软件中捕捉过精灵宝可梦？有没有用过屏显前窗玻璃（HUD），直接将导航信息投屏到车前窗玻璃上？有没有用手机摄像头扫过书中的二维码，看到影像从书上掠过？如果有，那么你已经体验过什么是增强现实了。

你在Instagram中上传过今天的美食照片吗？有没有把最近在读的好书封面分享到脸书？有没有发布过自己正在工作或学习的视频博客（vlog）？恭喜你，你已经在创作生命日志了。

你有没有加入过某个歌星的线上粉丝俱乐部？有没有用过视频会议软件远程上课或开会？是否曾通过外卖软件点餐，或在爱彼迎上订房？如果有，说明你已经体验过镜像世界了。

你玩过网络游戏吗？看过史蒂文·斯皮尔伯格的电影《头号玩家》吗？这些都是虚拟世界的写照。

美国的技术研究团队ASF（Acceleration Studies Foundation，加速研究基金会）将元宇宙分为四大形态，分别是增强现实、生命日志、镜像世界与虚拟世界。这是目前对元宇宙这个概念最简洁明了、行之有效的分类，因此本书也将基于这四大形态对现在和未来的元宇宙做进一步探讨。

按照真实世界的标准，元宇宙的价值有多大呢？我们不妨先看看那些掌握或控制着部分元宇宙的公司的总市值。

截至2021年1月，为多家元宇宙的运营公司提供后台网络服务的亚马逊，市值达1.652万亿美元，位列世界第三。谷歌——旗下拥有主流视频博客、YouTube视频网站，市值超过1.283万亿美元，是世界第四大最具价值的公司。生命日志领域的龙头老大——脸书，市值已超过7810亿美元，位列世界第六。最后来看看腾讯，市值8620亿美元，其销售额占比最大的部分（占35%）来自游戏业务，也就是元宇宙中虚拟世界的一部分。

综上，全球八大市值最高的公司中，半数与元宇宙密切相关。即使是像耐克这样乍一看与元宇宙、数字地球毫无关联的公司，自2006年起也已经紧锣密鼓地进入元宇宙寻求自己的位置。在过去5年里，相比同业其他品牌，耐克的利润获得了大幅增长，市值达到2190亿美元，是它的主要竞争对手阿迪达斯的3倍。在后面的章节中会再详细解读亚马逊、YouTube、脸书、腾讯与耐克的故事。

这些掌控着元宇宙与数字地球的公司，增长率已经超过了传统的线下制造与分销企业，也就是说，元宇宙正在成为全球经济的中心。正因为如此，如果仍然将元宇宙当作遥远世界里的传说、数字发烧友的臆想，或者觉得它无非是“95后”

年轻人的游乐场，那将会是对未来发展差之毫厘，谬以千里的误判。

（一）地景改造

在这里我们先熟悉一个概念，即地景改造和地景改造的作用，地景改造的优势所在。

“地景改造”这个词通常是指对宇宙中的其他星球进行改造，把这些星球的环境打造成适合人类生存、更接近于地球环境的行为。元宇宙，或者说数字地球的开创过程，正如一场地景改造。我们正在创建一个宜居的数字空间，而这个空间此前是陌生而遥远的。让我们从人类学家的角度简单地思考一下这个问题。生活在21世纪的现代人类通常被称作“智人”，也就是“会思考的人”。尽管学术界有一些小争议，但大多数学者认为智人最早出现在7万到20万年以前。一开始，智人祖先一直待在非洲大陆，度过了数万年的漫长岁月，没有什么大的变化。然而到了大约3万年前的冰川期末期，人类取得了长足的进步。我们开始用石头制作工具，并大量群居。这样的进步源于人类的思考能力。我们怎么做才能更有效地捕猎？我们怎样才能保护族群免受外来的危险？在追寻这些答案的过程中，我们通过认知能力去想象与设计之前不存在的东西，并将思考的结果通过我们称为语言的一种能力表达出来。最终智人成为地球上最具影响力的物种。现代教育的宏观架构其实就是围绕认知能力的开发设计的。我们怎样才能想出好点子？我们怎样才能吸取前人智慧的精华（各种理论、公式、定理等）并基于我们自己的思考加以应用？

19世纪初，伴随着工业革命的发展，一个指代人类的新词——匠人出现了，意思是“能够制作并使用工具的人”。如果说“智人”的侧重点在于形容人类会想象不存在的事物，并会把这种想象传达给同伴，那么“匠人”的说法则更侧重于描述人类能够将想象转变成看得见摸得着的工具，并通过这些工具以更高效、更低成本的方式，创造出大量的丰富资产。在19世纪以前，GDP的增长水平在非洲、南美洲、北美洲以及欧洲差别并不大。然而自美国与西欧各国开启了一种类匠人的模式，在制造和使用各类产业化工具上发力之时起，这些国家的GDP便迅速增长，增长速度远超其他大洲的各个国家。纵观代表现代文明的各项发明，如电话、电灯、飞机、半导体、互联网、光纤等，无一不是通过这样的过程实现的。如果把整个人类历史——从20万年前智人出现到现在看作一张一米长的图表，那么我们所使用的大多数工具与技术都应绘制在最后一毫米内。

韩国国家统计局在2018年发布过一份有趣的报告。他们问了这样一个问题：人们最喜欢的现代发明是什么？排名第一的答案可能有点儿出人意料，是冰箱。排名第二到第五的分别是互联网、计算机、洗衣机与电视机。我来问一个小问题：如果把排名第二、第三与第五的这几项发明合在一起，你觉得会是什么？

互联网+计算机+电视机=？

事实上，如果我们再往深处想想，问号后面的这个物件甚至可以取代排名第一和第四的冰箱与洗衣机的功能。我相信大多数读者不难想象到这个物品究竟是什么。它就是现在人人都爱的东西，从不会远离手边，也是奢华衣着之外我们出门时随身携带的最贵重的物品了。没错，就是智能手机。一部5英寸屏幕的智能手机的价格已经与冰箱和50英寸大小的电视机相当了。假如让不同年龄段的人在纸上写下他们身上的东西，除了衣服和鞋子，还要把自己包里的物品也列出来，比如钱包、书本、化妆品、手机。现在做一个实验，要求每个人把这些物品一样一样逐个丢掉。我想除了底裤，手机很有可能是留到最后的一样东西。

自从智能手机在21世纪初问世以来，我们与它的关联就在不断深化。它已不仅仅是一个电子设备，而是越来越像现代人类身体的一部分。有个词叫“身体意识”，说的是我们能够察觉自己的身体，并能直接操控身体的各部分。显然，智能手机已经进入现代人类“身体意识”的范畴了。学术研究和趣闻逸事都表明，我们总是能察觉出手机在哪儿，一旦手机离手几分钟，便觉得哪里不对劲。

那么，人们会拿这些价格不菲、好像长在身上一样的智能手机做什么呢？我们先来看看处在智能手机世界中心的苹果公司。截至2020年9月，苹果公司的市值超过2.378万亿美元，是全球价值最高的公司。苹果公司每年通过其应用软件商店（App Store）收获天文数字级的销量。人们下载最多的是什么呢？韩国、美国、欧洲以及全球其他市场的数据都说明，在不同国家和地区，这些数据都很相似。在下载量前20名的应用软件中，约70%是游戏软件，其余30%大多是社交软件或视频浏览软件。当然，因为涉及应用内购买，下载排名与苹果应用软件商店的销售额并不是直接成比例的。但显然世界各地的人们都主要用手机来玩游戏、上社交媒体、浏览视频网站。是不是很奇怪？为什么这么贵重的手机被用在了游戏、社交软件与视频网站上，而不是商业等行业呢？这些行为的意义又是什么呢？

（二）游戏人

是时候引出第三个用来描述现代人类的关键词——“游戏人”。这个词出自荷兰历史学家与哲学家约翰·赫伊津哈（Johan Huizinga）。它所反映的观点是游戏和娱乐是自古以来，人类所有活动与行为的出发点。在早期时代，即手机、计算机、游戏机出现之前，甚至在史前时代，只要人类不忙于捕猎或生存，就会将时间用于娱乐和游戏，已经被发现的许多洞穴中的壁画上，描绘的场景大多是人们穿着兽皮看舞或者跳舞，并且为了避免在游戏中出现冲突，人们发明了规则。于是人类进一步发展，人们觉察到制定并遵循特定的规则才能令游戏中的每个人都乐在其中，因为谁都不会觉得自己受到了不公平的待遇。在游戏中立规矩以求愉悦的做法，成为在一个共同社会中必须建立法律法规的底层逻辑。游戏与娱乐要遵循规则的观念深深扎根在人类文明中。人们开始将这种观点延伸到人类生存发展的其他领域中，如小环境中人们开始约定打猎时要互相遵守的原则，以及打猎所获应如何分配。但大环境中不同族群对于游戏与娱乐中角色的分配、什么时候在哪里做什么，如何遵守规则等的约定不尽相同，这些差异点共同构成了不同的文化土壤，在历史的进程中逐渐演化成不同的文化，才有了这世界上许许多多形态各异的社会。从本质上来讲，人类与生俱来喜欢游戏，为了玩得尽兴建立了游戏规则，追根溯源，这些规则最终发展完善，成为公共社会中法律、法规以及文化的根基。

类似的过程在元宇宙的形成过程中也能看得到。在元宇宙的四大形态（增强现实、生命日志、镜像世界、虚拟世界）中，虚拟世界出现得最早，并且在多元性与规模上也是发展最快的。网络游戏不仅是元宇宙的鼻祖，也是虚拟世界的典型代表。热爱游戏的人类——“游戏人”，使用计算机、互联网、智能手机等我们最喜欢的工具，开始在网络游戏中乐此不疲，于是网络游戏文化也扩展到包括虚拟世界在内的元宇宙中。在创建虚拟世界与其他元宇宙形式的过程中，人类也得到了演化。在“游戏人”创造的元宇宙中，人类变成了“神人”（Homo Deus）。“神人”这个概念出自耶路撒冷希伯来大学的历史系教授尤瓦尔·诺亚·赫拉利在2015年出版的一本书中。“Deus”意为“神”，因此”Homo Deus”可以理解为“想成为神的人”。

21世纪是历史上一段独一无二的时期。死于暴食或肥胖的人多于饿死的人，高寿无疾而终的人多过死于患传染性疾病的人（至少新冠肺炎大流行前是这样）。这在智人20万年的历史中从未有过。在最基本的需求与安全均已满足的情况下，人类开始追寻更高层面的价值，即永恒的欢乐与不朽的生命。从宗教角度来看，这属于神的范畴。在真实的地球上，我不敢说人类能否达到这一目标，或者说什么时候能达到，但这些梦想已经一点点地在元宇宙中实现了。元宇宙基于我们给自己设定的世界观、物种、资源与环境条件而运转，由人类创造的人工智能角色与人类在这里共存。不可否认，一片适合神人的乐土已经在元宇宙诞生了。

我们总误以为我们所结识的人，无论是家人、同事，还是在大街上、餐馆里遇到的陌生人，都生活在同一个空间里、同一个地球上。然而我们真正共同身处的只有现实地球上的物理空间与时间。有多少家人、朋友或同事跟你生活在同一个元宇宙里？“我的孩子总躲着我”“有时候真不知道我爱人一天天在想些什么”“现在的小孩子怎么都跟外星人似的”“新来的员工看上去总是一副人在心不在的样子”诸如此类，如果你曾经有过这样的困惑，或许你该仔细想想你们是否生活在同一个元宇宙里。

（三）产业元宇宙带来的两个变迁

1. 智能技术变迁：从“数据互联网”进入“空间互联网”

在元宇宙后面，也有新产业的大变革发生。以移动互联网时代为例，其最核心的技术是搜索引擎；而进入人工智能时代，核心技术不光要有算法，还要有传感器。有了传感器，我们才可以去做一个空间的元宇宙。

产业元宇宙产生的数据要远大于移动互联网产生的数据，因为移动互联网数据是靠人在手机屏幕上去输入的，而产业元宇宙的数据是靠传感器对万事万物空间的感知和背后的生产模型生成的。产业元宇宙的数据最终会用于提升生产效率，所以推动实体产业的智能化是数字经济和实体经济相融合的一个价值点。移动互联网时代最重要的硬核技术是数据的搜索引擎，而元宇宙时代，人工智能时代最重要的技术实际上是物理世界的AI引擎。

2. 交互媒介变迁：从“视觉媒介”进入“全感知媒介”

移动互联网时代，人和机器之间的交互实际上受制于交互方式、外接设备，传输的速度其实是比较窄带的，尤其是通过手机这种模式。

但是当我们进入元宇宙时代，我们不光可以有沉浸式的视觉，也可以有触觉，包括数字化的味觉和嗅觉的反馈。这些给我们带来一个更宽带的，接近于自然感官的交互体验。消费者都是看重体验的，有了更好的体验，商业的营销才能进行更好的普及。最终，我们会进入脑机接口这一时代，进行超融合的一体化。所以用麦克卢汉“理解媒介”的理论来做解释：每一种媒介都在提升我们感知的效率，并且延伸我们感官的范围和速度。

（四）虚拟世界与现实生活的融合

元宇宙的发展同样可能带来一些新的社会问题。西方社会更侧重于关注隐私、个人数据安全、伪造现实场景活动的深度造假、心理健康和沉迷问题，尤其是在儿童身心健康等方面。例如，元宇宙的高沉浸式体验可能对青少年成长带来消极影响。另外，部分成年人长期沉浸于打造理想化生活氛围的元宇宙之中，其认知和行为可能与现实世界的人们脱节。

虚拟数字世界将成为人类生存的第二空间，提供另一维度下的全新生活，并赋予人们虚拟身份，形成与现实社会迥然有别的双轨社会关系。在虚实边界的灰色地带，亦将产生规则、秩序、法律、权力结构、治理体系、分配逻辑、组织形态和虚实混淆等问题。虚拟数字人是真人在元宇宙的化身，虚拟数字世界和现实世界强烈反差造成的不满、憎恨以及对人们婚恋、生育、人际关系、心理精神健康、生产与消费的影响，都将随着元宇宙的发展凸显出来。

元宇宙和其他高新技术一样会经历一个演进发展过程，即从泡沫逐渐变大、破灭、重生和稳健发展等阶段。根据市场研究机构高德纳（Gartner）的研究结果，元宇宙目前处于泡沫化炒作阶段，也即第一发展阶段，必然会在未来某个时点达到炒作顶点，然后跌落到谷底。这个阶段有可能推动虚拟现实（VR）设备、元宇宙游戏和社交等应用快速成型，为元宇宙再次重生奠定产业基础。而在走出低谷之后的稳健发展阶段，可能会出现产业元宇宙和消费元宇宙齐头并进的发展趋势，届时将会对实体经济产生更显著的积极影响。元宇宙基础设施、核心技术及其应用是目前元宇宙投资热潮的主流。

从产业发展顺序来看，元宇宙的发展有赖于基础设施的完善，XR交互设备、网络建设以及人工智能（AI）算力、引擎及非同质化代币（NFT）等。虚拟现实技术和数字孪生技术可以打通虚实世界。XR技术的发展是实现元宇宙实时和真实特性的基础，其中虚拟现实技术（VR）、增强现实技术（AR）、混合现实技术（MR）

可以突破互联网的二维空间限制，实现全媒体三维空间体验。这是用于打破虚实边界的技术，通过多个感官的深度参与提高人机交互能力、身份转换的新鲜感和现场沉浸感。由于5G解决了之前硬件无法突破的流量、宽带和响应速度等限制，所以，中短期最有投资前景的技术和产业领域主要是基于5G和XR技术在研发、教育、商业服务与体验、游戏、虚拟办公、社交、影视文娱、旅游等方面的应用。

（五）沉浸式的远程办公带来更具真实感的用户虚拟体验

在未来的元宇宙畅想中，人们不仅可以足不出户就能通过增强现实技术进行远程工作，还可以以虚拟身份与在线空间的同事共享办公，将现实空间中人物的动作、神情和语气准确传达给同事，以此获得更加真实的沉浸式办公体验。

这一点，微软通过在Teams办公软件中植入虚拟体验协作平台Mesh已经实现，假如你在过程中语言不通，Teams还支持翻译和转录，可以有效减少语言障碍，提高办公效率。已经更名为Meta的Facebook也借助办公软件Horizon Workrooms和VR设备，让用户可以将自己的办公桌、电脑和键盘等带进虚拟世界中进行办公。

你可以足不出户，登录账号密码，开启一天的办公好心情。穿戴好虚拟设备即可让虚拟身份出现在公司，每一位员工都可以按照自己的心情改变办公环境，互不打扰，当需要和同事交流工作事宜、举行会议或者参加培训时，只需要通过元宇宙通信系统，你可以清楚看到同事们的3D形象，并看到对方的形态表情和语气，利用在线共享界面实时分享电脑画面进行沟通。

如果你需要去海外的工厂巡检，只需进入数字孪生工厂，对生产设备进行检查和修复。这些操作会通过传感器实时传递到物理空间的机器人手中进行同步执行。

你也可以亲临公司，实地感受增强现实加持下的公司新面貌。与同时在元宇宙中上班的同事交接工作、开会，下班之后，你甚至可以邀请远在挪威的朋友到你的公司楼下喝一杯咖啡，问问你的虚拟向导周围最好吃的川菜馆是哪家，逛逛街，健健身，虚拟园区可以满足这一切，还可以邀请他一起在虚拟园区中玩闯关游戏，赚取虚拟币，好供养你的虚拟宠物，独自身处异乡工作的孤独感即刻被温暖的科技驱散。

在元宇宙中，无论是办公，与同事交流，还是到别的工厂和公司进行参观学习，都变得快捷而高效。虚拟审核员将对登录进公司的身份进行审核，分设员工身份和游客身份，避免泄漏公司机密。

五、从PGC到UGC的转变

（一）关于PGC

PGC（Professionally-generated Content）又叫PPC，是指专业生产内容。由专业人士对内容个性化。PGC是对内容进行划分的概念，指更加专业化的内容、优质化的内容，内容比较专业。

运营所具备的能力：

一是保持对内容的敏感度。不管是什么事件，什么内容都会在短期的时间里成为一个热点。

二是保持和用户的零距离。对于用户的了解程度上，策划一个主题内容，让内容更加具有传播性。

（二）关于UGC

UGC（User Generate Content）即用户产生的内容，通过筛选，从用户那里得到优质的内容。这个最典型的例子，就是新浪博客的草根名博、新浪微博以及各类社区论坛等。尤其是网易新闻跟帖，深入研究就能够发现大有趣味。

（三）UGC和PGC的关系和区别

在开始之前，向大家普及一个新的概念：BGC（Brand Generated Content，品牌生产内容）直播平台具有工具属性，工具要为营销的内容服务。也就是说：直播营销和视频营销、微信营销没本质区别，依然很看重内容的创意。但是，我们现在还是比较少能够看到让人眼前一亮的企业直播营销内容。企业直播营销的

BGC最重要的作用是：展现品牌的价值观、文化、内涵等。

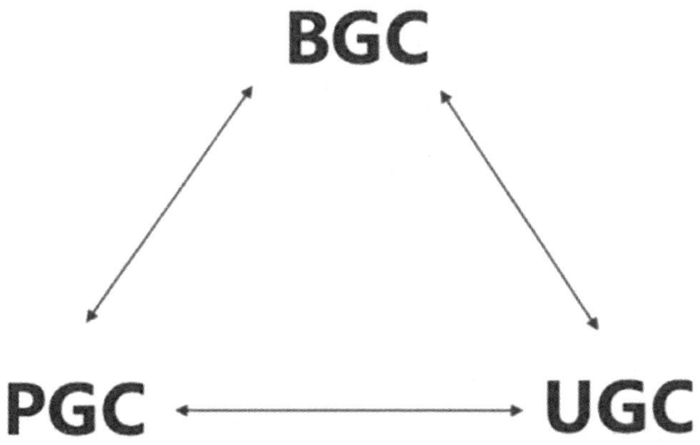

以直播为例子，近年来直播之所以看上去门槛变低了，是因为用于直播的工具，如智能手机、电脑等设备，其获取及使用成本大众化而降低。但是，在直播的内容制作上，门槛还是较高的，而且耗费金钱。一场能带来品牌曝光量、销售转化的直播，很大程度上由“内容”决定。而直播的内容是BGC+PGC+UGC的有机融合。那些认为直播就是“零成本”：有几台设备就可以进行直播操作的企业，基本是做白日梦的门外汉。

UGC和PGC的区别，是有无专业的学识、资质，在所共享内容的领域具有一定的知识背景和工作资历。PGC和OGC（Occupationally-generated Content，职业生产内容）的区别，相对容易，以是否领取相应报酬作为分界，PGC往往是出于“爱好”，义务贡献自己的知识，形成内容；而OGC是以职业为前提，其创作内容属于职务行为。UGC和OGC一般没有交集。在一个平台（网站）上，用户和提供商总是相对的，两者之间，既是该平台的用户也是该平台的提供商的角色可能有，但属于极少的群体。

在直播营销领域，PGC的“P”更聚焦于话题性人物，主要指三类：明星、网红、名人（非娱乐圈的）。

在直播营销中，PGC发挥了至关重要的作用。毫不夸张地说：PGC贡献了一半以上的品牌曝光量和销售转化量。这首先就对企业的直播营销预算提出了考验。到底有多少钱砸向PGC？此外，邀请了“P”直播后，怎么让“PGC”价值最大化？包括淘宝在内的90%以上的案例，都是和“电商平台”紧密挂钩，或通过“明星同款”的方式，或通过“边看边买”的技术手段（让用户在不退出直播的情况下，直接下单主播推荐的商品），实现销售转化。

直播平台具有工具属性，工具要为营销的内容服务。也就是说：直播营销和视频营销、微信营销没什么本质区别，依然很看重内容的创意。但是，我们现在还是比较少看到让人眼前一亮的企业直播营销内容。企业直播营销的BGC，最重要的作用是：展现品牌的价值观、文化、内涵等。

没有PGC的BGC直播，大家最易联想到的是杜蕾斯。杜蕾斯直播了一场长达3小时的“百人试套活动”。但是，正如网友的评价：“我走过最长的路，就是杜蕾斯的套路。”3个小时的直播分为三部曲：参加试套直播的人，1小时搬床、布置现场；1小时做广播体操；1小时聊天、吃水果。如果不是杜蕾斯这个产品本身的情色性，这种无聊的、没有品牌内涵的直播，还会吸引大家来关注吗？当“套路”越来越无趣化后，就如同“狼来了”的故事，消费者不会再过来傻傻地围观了。

直播不是什么新鲜事，但为什么近一年来被炒得如此火爆呢？因为智能手机的普及、上网成本的骤减，使得“移动互联网”打开了人们的想象空间，所以“移动+互动”，让“直播”炙手可热。在“移动+互动”的模式下，我们看到“直播”的内容边界被无限扩展。那么，对于企业的直播营销，就要思考：怎么让这种“无边界内容”，成为一场网友可参与的内容？用户参与度是直播的最核心要素。

特别指明的是，直播营销里的UGC不仅仅指弹幕功能里的“网友评论”，直播营销的UGC除了要和PGC/BGC互动，还要改变PGC/BGC。这种改变的最终目的是让PGC/BGC更有趣、丰富，具有猎奇性（不知下一秒会发生什么）、可参与性（情绪感染：吸引更多网友参与）、社交性（志同道合的网友形成社群）。

直播承载了社交的属性。正如Facebook推出了Live直播功能时，扎克柏格所言：“Live就像是在你的口袋里放了台电视摄影机。所有拿手机的人，都有能力向全世界做推送。当你在直播中互动时，感觉用了更人性的方法与人做联结，这是我们在沟通上的重大进展，也创造了人们聚在一起的新机会。”

这三者一定是融会贯通，互相影响的。所以，企业在进行一场直播营销时，要考虑的内容要素有：

BGC：企业想直播什么内容？即直播营销的内容主题、调性、诉说的品牌价值等。

PGC：怎么让企业直播的内容更有脉冲式的眼球效应？获得更多的流量？并实现流量变现。

UGC：怎么打造直播营销的终极内容形态：参与式内容？让网友沉浸在直播内容中，并自发互动。

（四）如何进行UGC转变

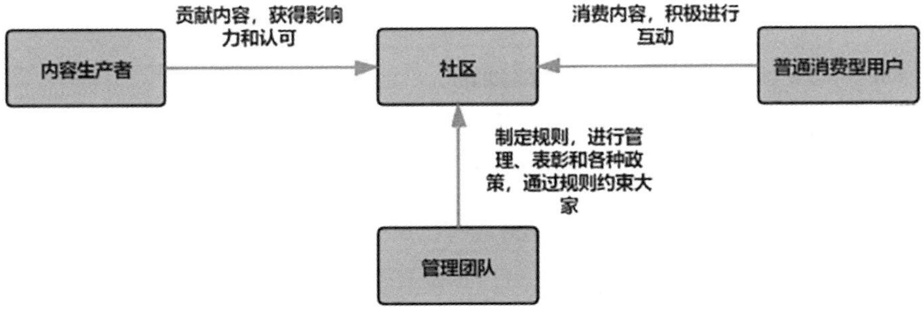

相对而言，PGC模式比较可控，但是生产压力比较大；而UGC比较难以控制，但是可以引导用户来生产，生产压力比较小，如果做得好的话，还可以有源源不断的内容被生产出来，并传播出去，形成一个可持续的生态。接下来看看如何运营好社区的UGC内容，让用户源源不断地为社区生产高质量的内容。

UGC内容生态，之前已经提到了，它的内容基本是由用户来贡献和创造的，意味着对于整体的内容风格构成要控制的话其实难度是会更高的，所以UGC型内容生态搭建起来比PGC型内容生态可能要复杂得多，下面就来看一下UGC型内容生态如何搭建。

其实UGC型内容生态搭建也是将一个社区从无到有做起来的方法。在社区发展的每个阶段，会采取不一样的内容和用户运营策略。

接下来，以抖音、知乎等社区为例，详细说明在社区发展的每个阶段，应该怎么做运营。你在接手一个社区运营的时候，也可以套用这些方法。

第一个环节：内容初始化

很多社区在产品的早期，也就是冷启动的时候，包括知乎这样的社区，这个产品刚被设计出来的时候你会发现它里面什么东西都没有，假如里面什么东西都没有你就让用户进来的话，他们进来看不到任何有意义的东西，毫无疑问用户会大量走掉，所以一定要完成内容初始化。在内容初始化环节，我们有几件事是要做的：

第一步，氛围塑造。我们要保证整个社区初始灌进去的内容给人的感受是一致的，要么就是特别严肃的，要么就是特别搞笑的，要么就是特别文艺的，但一定不能给人感觉里面什么内容都有，不然氛围给人的感觉会很乱。

想要找到高质量的问题与答案，你会到哪个网站？知乎。

想要去跟更多的文艺青年探讨电影、读书等，你会上哪个网站？豆瓣。

想要和音乐发烧友分享歌单，探讨小众音乐，你会去哪里？网易云音乐。

这就是你的社区基调，也是让用户记住你的关键。而这种氛围，才能让目标人群留下来生产内容。

因为大多数用户群体并不是刚加入一个社区就迫不及待地发言，而是会有一段时间的观望期，看看大家都在说什么，慢慢了解社区文化，熟悉社区氛围，评估这个社区是否与自己的期待相符，然后才会以“我正式加入了”的心态产出内容。所以如果你接手了一个社区，或者老板让你搭建一个社区，首先你要想清楚：

这个社区的主基调或氛围是什么？能给用户提供什么样的价值？如果这个问题没想好，接下来的工作都是无用功。想清楚之后就会面临怎么给社区定个格调的问题。这就到了接下来的两步。

第二步，话题挑选。社区运营通常会先筛选一批符合社区调性、用户又很感兴趣的话题，优先填充高质量的内容，然后靠着这部分内容吸引第一批用户。所以当你接手一个社区后，你可以先了解目标用户的特征是什么，更加关心哪些话题和内容，然后再去填充和运营内容。

而了解用户的方式有很多种，比如通过给已经注册的用户发调研问卷、一对一聊天、统计社区阅读量和评论量比较高的内容有哪些分类、调查竞争对手社区、看看用户经常聚集的论坛或微信群等渠道在讨论什么内容，等等。

第三步，初始内容填充。在确定了要做哪些选题之后，就需要不断地集中精力，分辨填充不同的选题的优质内容。

选择进行填充优质内容，详细来说需要分三步走：

一是你需要先去挖掘优质内容聚集的渠道，也就是在哪里可以找到大量优质内容；在哪里可以找到优质内容呢？那就要看你的目标人群通常聚集在哪里。比如说，如果你要建立一个宝妈社区，目标人群是0~3岁孩子的妈妈，那么类似主题的贴吧、公众号、微博、视频平台以及国外的论坛等，都可以找到相关内容。

二是你需要在这些渠道阅读大量的内容，从中提炼合适的内容，进行再创作；要注意的是，不要一口气把所有内容都搬到自己的社区中，一定要有所筛选和提炼，避免内容比较“水”，不然好不容易拉了一批用户进入社区，他们扫一眼内容发现不感兴趣，马上就会离开了。

三是你需要把这些内容填充到社区里。大部分运营人的做法都是，通过社区的后台自己注册一批账号，也就是所谓的“马甲号”，然后填充用户感兴趣的优质内容，让社区看上去内容很丰富，很真实，这样用户进入社区后才能被内容吸引，从而留下来。

比如主打整容知识和服务的新氧APP，就在冷启动的时候注册了很多“马甲号”，把韩国论坛里大量的用户整形日记搬到了新氧论坛。

那么用这以上的3步套到知乎上，知乎在初始化阶段是怎么做的呢？

（1）氛围塑造。确定要先吸引互联网人和创业者，一遇到互联网、IT或创业相关的问题，就会想到知乎搜一搜。

（2）话题挑选。根据用户数据抛出问题。种子用户基本都已填写其职业信息和擅长领域，那么知乎运营人员就可以根据这些信息专门撰写跟用户相关且很多人都可以回答的问题，诱导用户群体回答。例如：马克•扎克伯格在Facebook早期做出的最重要的决定有哪些？乔布斯的经典语录和名言有哪些？如何让心智变强大？马化腾的编程水平如何？

（3）初始内容填充。知乎团队员工会用真名和马甲号大量回答问题，创始人也会运营自身账号和马甲账号，自己提问题和回答问题。

到这里，搭建UGC内容的第一步——内容初始化的介绍就结束了。总结一下以上三步，如果把社区比喻成一间房子，氛围塑造就像是确定房子装修成什么风格，预备给什么人住，而选择话题就像是确定先添置哪几个大件家具，而社区内容的填充就像是把选择合适的家具搬到家里，再简单粉刷一下。接下来，就等着合适的人住进来了。

第二个环节：少量用户加入生产

这一步就是主动邀请用户生产内容，或者发现有些用户会被我们之前填充的内容吸引，自己主动加入生产。种子用户通常由两种人组成：

第一种是在社区内容领域专业、知名、印象非常鲜明的人。比如新浪微博早期的定位是给用户提供娱乐八卦，那么团队就会邀请一批明星，进而吸引粉丝来围观和注册账号；而抖音早期会邀请一批视频做得特别有意思的网红来生产短视频。

第二种是名气不是特别响，但很认同你的社区价值的人。你还是需要像之前寻找优质内容一样，去用户的聚集地找一些合适的人私聊，或者发邀请帖，比如竞品APP、微博、贴吧、QQ群等，让他们愿意来社区注册账号并产出内容，千万不要随随便便拉一些人来凑数。如果你是微博的运营，也可以邀请一些用户，他自己不是明星或名人，但特别喜欢看娱乐八卦、也喜欢写一些评论甚至愿意自己每天主动发几条不错的微博。

在邀请以上这两种用户的时候，很多社区都会给予一些资金或流量支持，比如说头条的悟空问答刚开始做的时候，就花重金稿酬抢知乎大V，还许诺会给流量扶持，让这些大V创造的优质内容优先推送给用户，这就造成一批知乎大V“出走”，转到悟空问答上回答问题。

不过，大多数社区在刚开始起步的时候，都是没钱没资源，你很有可能需要把自己的马甲号包装成大V，稳定产出专业内容，并积极和用户互动。

案例一：

少量用户加入生产，知乎是怎么做的呢？

2010年知乎刚运营时，前后邀请了两批用户：

第一批是知乎全体员工邀请熟知的好友，包括一小部分互联网相关领域的意见领袖、名人大咖（比如李开复、徐小平、成远、洪波等），和绝大多数的核心用户（产品经理、投资人、专家学者等），请他们进入社区回答问题以及提问，总计200人。他们在圈子都是大家耳熟能详的，能找到他们进驻你的社区，那么前期你的社区特色就非常鲜明，不仅仅能产出很多高质量的内容，还能给社区带来传播和一定的粉丝。

而这些人也在最初的40天内，产生了8000个问题和2万个回答。他们聊创业、聊互联网趋势等，几乎每个问题都会得到不错的回答，然后再刺激更多人参与到回答中。由此逐渐形成了知乎的早期氛围。

第二批是在微博、豆瓣、饭否、博客、极客公园、爱范儿等渠道发放邀请码给比较高质量的用户，并给予他们有限额的邀请码来邀请自己的好友。

而这些人就组成了知乎社区早期的KOL。

第三个环节：内容生产者激励

如果你邀请了质量很高的一批用户进去生产内容，但没人观看、没人点赞、没人围观，这些高质量的用户也就没有了继续创造内容的兴趣。

这个时候就需要我们运营人员用马甲号去和会员互动聊天，并且把他们发的帖子置顶或者精选，甚至再给一些小礼品等物质奖励，让他们觉得在社区里能获得回应和肯定，这样就大概率地会留在社区，继续发帖、点赞等，一枚优质用户就诞生了。

案例二：

那么知乎早期是怎么激励内容生产者的呢？

（1）及时回复＆互动。创始团队关注了几乎所有在知乎上写答案的用户，新人一旦回答，立刻会点赞。不仅如此，团队还会通过私信方式与活跃的用户沟通，建立初步的联系。几位早期员工还会积极到各地去与当地的知乎活跃分子见面，联络感情。

（2）增加曝光＆关注。知乎团队以人肉点赞的方式来增加曝光，高质量的回答多点赞，质量较低的回答少点赞，这样就将高质量的内容推送到了首页信息流上。

（3）物质奖励激励。知乎团队为贡献了高质量回答的用户发放了邀请码，早期邀请码非常珍贵，甚至在淘宝上明码标价。

第四个环节：更多新用户进入

在运营了一段时间社区后，你可能发现每天都会稳定地有一批用户在持续不断地发帖、互动、点赞等，这时候你可能就需要考虑拉更多的新用户进来。

那么拉新有两种方式，一种是挑选社区内的优质UGC内容，到社区外传播，以吸引更多人进社区浏览内容；另一种是通过活动、砸钱等其他方式拉新。

已有优质内容传播

那么社区运营都是怎么传播UGC内容的呢？我们举几个例子：

（1）鼓励用户自己分享。比如知乎早期在用户回答问题后，会推荐用户分享到微博。

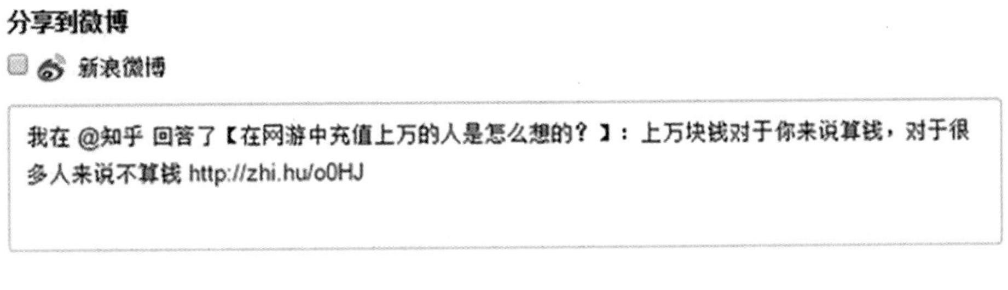

如果用户没有足够的动力分享，也可以通过虚拟的积分、金币甚至现金等形式鼓励用户分享。

（2）运营人自己整理优质内容，去站外分发。这样做不仅能带来新的流量，还能塑造品牌。比如知乎就通过知乎周刊、知乎日报、知乎热榜等内容集锦，为知乎带来了大量新的用户。

那么通常有哪些可以分发优质内容的渠道呢？

新媒体渠道：最主要的是微信（公众号、小程序）、微博、简书、知乎、抖音等。在很多公司，这可能是新媒体运营的工作。

各大内容分发平台：比如今日头条、搜狐自媒体、企鹅号等。

电子书阅读平台：比如百度阅读、网易云阅读、微信读书等。

通常这些内容要么会让用户看一半，剩下的内容需打开社区才能看到；要么就在内容下附上社区APP的下载链接。

其他拉新推广引入：比如做活动；砸钱在用户的其他聚集地或APP邀请新用户注册社区；让用户自己去邀请其他人注册，邀请越多奖励越多……

第五个环节：更多用户加入生产

这时候社区感觉已经非常热闹了，你的重心是维系UGC的内容，我们可以开放一部分空间，让用户源源不断地生产内容，并且管理用户和社区的秩序。

整体上需要经过这一系列的动作，并且持续维护他们，能够让内容生产者的队伍持续庞大，不断地经过一个比较长期的努力，最终我们才能初步构建起一个内容生态。

所以才说UGC型的内容生态往往是比PGC型的内容生态复杂的。不过UGC型内容生态也有它的好处，一旦把这个生态建立起来了，它不会轻易垮掉，而且建立起来后你会发现维护成本和运营成本会很低。

因为像一个社区或者是论坛的基本体系已经成熟的话，它基本可以实现自运转，就好比知乎这样的社区，哪怕知乎的管理人员不怎么管了，再顺畅运转几年也不会有问题的，这就是UGC型内容生态的好处所在。

PGC型内容生态相对来说比较可控，但是基本就是一分耕耘一分收获，它的投入和产出基本是对等的。

第二章

元宇宙的财富核心——区块链

元宇宙与区块链密不可分，却具有更加宏大的意义，两者相辅相成。可以说，正因为有了区块链，元宇宙才能从平平无奇的“虚拟世界”跃迁到开天辟地的“宇宙”。

区块链是一个全球性、安全、点对点的网络，但在全球范围内，它并不是第一个点对点网络，也不是第一个应用密码技术的网络，更不是第一个允许人们远距离交流的网络。全球P2P文件共享网络BitTorrent已经存在了15年，让世界各地的人共享网络资源；它也作为一个平台让相距很远的人仍然可以很容易地相互交流。虽然区块链并不是第一个做到这一点的技术，但是可以值得肯定的是，互联网在过去的几十年中已经取得了很大的进步。

密码学（让人们相互信任的技术）已经有近40年的历史，它允许我们进行远程交互，而不需要信任参与这个过程的每个人。在使用因特网时，几乎所有计算机或电话与运行某些应用程序的服务器之间的通信都是加密的。

密码学非常有价值。密码学确保消息的内容只能被打算阅读它的人看到，保证消息的内容不会在此过程中更改，也确保消息的发送者是他们所说的自己。

但有很多东西是密码学无法实现的。比如：密码学无法告诉你消息是何时创建或何时发布的，它不能证明某些信息在一段时间之前就存在了，也不能证明某人是否确认了该信息。密码学无法使参与者达成共识。在金融体系中，如果每个参与者对所有人资产的共同价值没有共识，金融体系就无法运转。密码学不能提供经济激励，因为它不能提供股权证明和支付渠道，然而许多技术在很大程度上依赖于经济激励。密码学不能证明来自真实世界的信息。你无法用数学方法证明香港的温度是100华氏度，也无法用数学方法证明美元对港元的汇率是1∶7.18。现实世界的大部分事情是无法证明的。

虽然区块链不能解决所有问题，却解决了加密技术不能解决的许多问题。

区块链技术不是简单的点对点网络和密码技术的线性组合，最重要的是它让全部的区块链网络参与者取得共识。区块链网络中的每个节点，都成了历史的见证者，从而避免了因缺乏信任而无法完成操作。

我们现在拥有的大多数应用程序都试图使用某种集中式数据库。因为某些应用程序（如QQ、微信、支付宝等）在互联网上有相当大的数据库，所以近年来有许多垄断情况出现。

应用程序的用户越多，想要查看数据库的用户就越多，其他用户便有更多的机会可以快速、轻松地与已经存在的用户进行沟通。这意味着，对于一个小公司而言，即使产品再好也难以与大公司竞争。

区块链的数据库和账本并不依赖特定公司存在。每个公司可以查看分布式数据库，并且通过密码学保护用户隐私，获得区块链的数据库和密码学的好处，进而躲避大公司的垄断，这样一来，市场由大公司垄断主导的现象便难以发生。

很多网站已经有了明显的网络效应，但其数据个例仍然很难摆脱控制，维基百科就是一个很好的例子。人们所做的选择仅仅需要点击一下，就可以分享共识，甚至余额、账户。

所以当你在一个建立在区块链上的、完全开放的平台时，强大的网络效应会让你更容易地享受到应用程序带来的好处。这不仅局限于一个行业，它可以跨越不同的行业和国家。

区块链的应用领域非常广阔，囊括支付、预订、个人出行等。支付最先发挥作用。人们对代币、货币、各种金融工具都很感兴趣。举一个非常有趣的例子，在一些愿意提升透明度的领域中（如慈善组织），对于那些对公开预算使用情况有需求的国家，区块链支付对这些领域大有裨益。

虽然我们现在能用区块链订火车票、订旅馆、订机票，但在这些过程中，还有很多低效之处需要改进，而区块链最能发挥作用的领域就是协调多方参与场景。

这些年有些人一直在推的“上链”进展并不明显。一个很重要的原因是，上链资产和实物很可能存在不一致的情况，而这无法通过区块链网络自身来得到保证。但是在元宇宙中，所有的资产都是数字化的，天然就存在于网络上。严格意义上来说，元宇宙的所有资产都可以基于区块链网络。上述种种好处，尤其能避免元宇宙中数字资产集中于大公司手中，导致创新的小企业举步维艰。区块链保障了元宇宙居民自身拥有数据的权利，把数据的权利归还给元宇宙的居民。

元宇宙对于区块链的发展同样至关重要。元宇宙的数字资产规模很可能在很短的时间内就会超越物理世界，在高速增长的环境中，区块链更能大展拳脚。

现在全世界都在关注中国，关注中国元宇宙。我相信，元宇宙在中国的未来是光明的。我们要运用好区块链技术，完善区块链技术，推动元宇宙的发展。尽管元宇宙中的居民生活在不同的国家，但元宇宙是超越国界的。我也在关注中国的理念，譬如“人类命运共同体”。虽然这个理念和中国的历史一样古老，却和最潮的元宇宙的精神内核息息相通。在元宇宙中，我们借助区块链技术实现了同一个元宇宙的共同体：在每一个元宇宙中，他们都休戚与共。

一、数字财富的到来

在凯文·凯利《科技想要什么》一书中，最后一部分讨论的是“方向”，作者总结了科技发展的方向，同时指出了人类和科技的关系，在“科技的轨迹”这一章里，作者指出了科技发展的13个方向，分别是：效率、机会、自发性、复杂性、多样性、专门化、普遍性、自由、共生性、美感、感知能力、结构、可进化性。作者在“无限博弈”这一章里指出科技进化的目标是人类与科技可能性博弈的继续，即无限博弈——一场最终不会分出胜负的博弈，“有限博弈者在边界内游戏，无限博弈者以边界为游戏对象”——通过不断改变规则和目标、保持开放性，这场博弈将不断持续下去。在这场博弈的本质中体现出来的是技术元素的真正本质和需求——生命不断增加的多样性、对感知能力的追求、从一般到差异化的长期趋势、产生新版自我的基本能力、对无限博弈的持续参与。

多样性、感知、差异化、新版自我、无限博弈……走过信息化之后，科技的需求指向了数字化：现实世界什么样，我们就有能力把它在计算机的世界里存储成什么样，相对于信息化以人为主，以机器为辅，数字化的表征则是以机器为主，以人为辅。

经济高速发展，人们对信息的需求陡增，传统的纸媒体再也无法满足人们日益增长的信息需求，信息传播的速度和广度都大打折扣。这时候雅虎应运而生。在我国，当时也出现了几家效仿雅虎的门户网站，如新浪和搜狐。互联网技术一经出现，便如燎原之势，不可阻挡，世界互联网行业迅速发展。

Google所代表的时代正是PC搜索的时代。以Google为代表的搜索引擎模式在一定程度上解决了信息获取问题。搜索时代主要为2002—2007年，Google超越雅虎成为世界上最大的互联网公司。在搜索阶段中国对应的代表则是百度，百度自上线以来凭着本地化的运营占领了中国近80%的市场份额，并一举成为全球最大的中文搜索引擎。

在消费互联网时代，电子商务巨头Amazon和阿里巴巴是两颗耀眼的明星，而Facebook、Twitter、YouTube、Groupon则是另外几个为人所熟知的代表。消费互联网的革命性就在于，它一方面彻底颠覆了信息的传播方式，使之更为人性化，另一方面又为人的生活提供各种各样的便捷。首先，Facebook和Twitter让媒体向社会化转型，人们在圈子里相互分享，个人可以成为一个电台、一个媒体，人们在圈子里推荐有价值和意义的新闻，而不必纠结于搜索引擎带来的庞大信息海洋。其次，人们足不出户通过互联网服务便享受到电子商务所带来的便捷，甚至能以超低的价格购买到梦寐以求的商品，这是门户网站所无法给予的，也是搜索引擎所不能提供的。中国这个时期涌现的互联网服务代表有淘宝、京东等。

（一）信息数字化

个人电脑从无到广泛应用，PC互联网的逐步普及，催生出第一次计算文明，以信息数字化为显著特征。信息数字化即信息化，解决的是数据映射问题，是对现实世界（即企业的存在配置、资源存流、运营状态、外部联通）实现数据映射的集合。感知、采集、识别判断、指令传递、动作控制、反馈监测均处于数据层面，与人类的关系是只有数据界面交互，所有语义内容均为人为定义、解读、赋予含义，信息系统只是传递、运算、执行单元。

PC信息互联网的到来以雅虎的创立为标志。雅虎模式是传统的门户模式，1997—2002年的互联网主要还是被人们用于获取新闻信息及便捷地联系世界各地的朋友或客户。在那之前人们主要是从报纸、广播及电视上获取信息，而这些传统的媒介一直都有先天的缺陷，便是传播速度和广度都十分有限。

1. 工业与互联网的发展史即生产力进化史

回顾人类发展历史，每一次的重大科技发明都推动社会大变革，进入一个全新的时代。我们从工业革命、互联网革命两个维度去回顾人类社会的发展。目前比较主流的分析方法，分为四次工业革命：

● 工业革命1.0（18世纪60年代到19世纪中期）：蒸汽技术带来机械化。标志是蒸汽机的出现，开创了以机器代替人工的工业浪潮。第一次工业革命使用的机器以蒸汽或者水力作为动力驱动，首次用机器代替人工，具有非常重要的划时代意义，人类社会由此进入了“蒸汽时代”。

- 工业革命2.0（19世纪下半叶到20世纪初）：电气技术带来电气化。标志是内燃机、电力的运用，新的能源动力和机器推动了第二次工业革命的发生。电器得到了广泛的使用；此时的机器有着足够的动力，汽车、轮船、飞机等交通工具得到了飞速发展，机器的功能也变得更加多样化。此外，由于电话机的发展，人们之间的通信变得简单快捷，信息在人们之间的传播也为第三次工业革命奠定了基础。
- 工业革命3.0（20世纪下半叶起）：信息技术带来自动化。以计算机、航空航天、原子能为代表，我们进入信息时代。第三次工业革命相对于第二次工业革命发生了更加巨大的变化，一方面，使得传统工业更加机械化、自动化，降低了工业成本，改变了整个社会生产的运作模式，逐步转向规模化生产；另一方面，工业不再局限于简单机械，原子能、航天技术、电子计算机、人工材料、遗传工程等具有高度科技含量的产品和技术得到了日益精进的发展。以互联网为信息技术的发展和应用几乎把地球上的每个人都联系了起来。
- 工业革命4.0（21世纪初至今）：融合创新技术带来智能化。以人工智能、无人驾驶、清洁能源等为代表，我们进入智能化时代。第四次工业革命的时间比较模糊，到今日，第四次工业革命的成就尚未覆盖第三次工业革命的规模，我们现如今应处于第三次工业革命到第四次工业革命的过渡期。未来物联网技术和大数据在第四次工业革命中承担核心技术支持，越来越多的机器人会代替人工，推动人类社会从“信息化”向“智能化”转变。

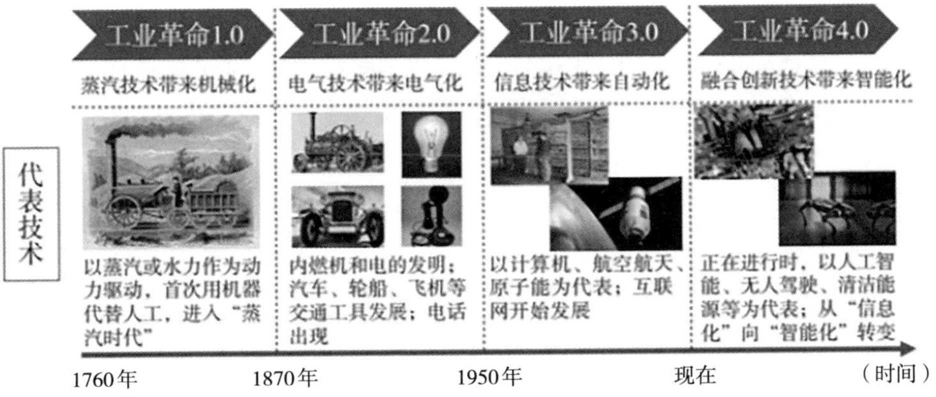

从工业革命1.0到工业革命4.0

在工业化的浪潮中，随着计算机和信息技术的发展，人类逐步进入了互联网时代，这是一次全新的革命，我们可以称之为互联网变革的开端。互联网发展至今，近50年的技术迭代主要包括PC互联网与移动互联网两个阶段：

互联网革命Web1.0（约1970年起）：计算机普及带来PC互联网。虽然1946年第一台电子计算机问世，但早期的计算机体积庞大、价格昂贵，只在特定领域使用。直到1971年首款个人计算机才诞生，开创了微型计算机的新时代，应用领域从科学研究、政府机构逐步走向家庭。随着计算机技术的成熟，20世纪90年代是互联网大发展的时代，包括万维网诞生，诸多浏览器问世，Google、搜狐、新浪、腾讯、阿里巴巴等互联网公司成立。同时个人计算机广泛普及，人们的生活不再只局限于现实世界，也增加了一个虚拟网络世界。

● 互联网革命Web2.0（约2000年起）：4G加速移动互联网发展。回顾移动通信技术的发展历程，从20世纪80年代的1G开始，基本保持了每10年一代的发展规律。2G实现了数字通信，手机出现；3G奠定了移动互联网的基础，新闻客户端、手机游戏得到发展，在此阶段的2007年，第一代iPhone发布，智能手机开始加速普及；4G驱动移动互联网大发展，2010年之后的10年，是移动互联网的黄金十年，移动互联网在很多方面进一步颠覆人们的生活、体验、价值认知，如社交、网络购物、线上生活服务等，同时成就了一批新互联网巨头，如Facebook、Twitter（推特）、腾讯、阿里巴巴、字节跳动等。

● 互联网革命Web3.0（约2019年起）：5G孕育着下一轮新技术革命。2019年可能是互联网变革史上最为深刻的一年，无论是5G、人工智能等技术突破，还是地缘政治冲突、中美科技博弈，都预示着下一个互联网时代的机遇与挑战。各大国着力发展5G，2019年10月我国5G商用正式启动，5G正在成为大国科技竞争的制高点，孕育着下一轮新的技术革命。从技术层面看，未来更加先进的人工智能、大数据、云计算等都将围绕5G产生变革，而5G也将实现真正的万物互联，促进"互联网"向"物联网"升级。

通过回溯工业与互联网这两大变革对人类发展进程的影响，我们认为互联网充分发挥了先进生产力的工具作用，且这一工具的作用到今日越来越凸显，加快了人类进步的速度。

从互联网革命Web1.0到互联网革命Web3.0

工业革命带来了蒸汽机，带来了电力，以及各类先进的技术，人类在工业革命后步入发展快车道。在政治层面，工业革命推动了现代国家的诞生，即现今的全球政治、经济格局实质上是由工业革命缔造的。

在20世纪90年代，互联网兴起之时，大多数人并没有将互联网革命提到与工业革命同等的地位，原因在于当时的互联网还没有到影响全球格局的层次，而是倾向于认为互联网作为一种技术整体上仍处于工业社会的框架之下，其主要作用是提升工业生产效率，但并不会对工业时代的模式体系产生根本影响。

从工业革命1.0开始，工业革命用200多年的时间改变了全球格局的方方面面，且工业革命爆发后的200多年来，经济发展的侧重点都集中于生产力的提升，其中互联网充分发挥了新的不可替代的作用：促进了各类信息数字化。虽然计算机是与当下联系最紧密的创新，但计算机直到20世纪才受到重视，互联网特别是移动互联网在不同领域普及，互联网的发展机遇在不同的社会阶层之间实现了更扁平化的延伸。互联网的发展历程，影响着全球经济格局和社会生产结构的变化，那些习以为常的事物和现象都在被重塑：生活习惯，支付手段，经济往来等，一部手机能够同时满足多项需求。3G、4G时代的技术主导权一直掌握在西方国家手中，我国错失了发展机遇。但到了5G时代，全球竞争格局开始发生改变，我国在5G建设领域已经与西方发达国家站在同一起跑线上，已经涌现出一批优秀的科技企业，如全球领先的华为5G基建设备。

2. 互联网未来的进化方向是什么

历次互联网的迭代都伴随着新硬件的出现，PC互联网时代的硬件是个人计算机，移动互联网时代的硬件则主要是以手机为代表的便携式移动设备。在移动互联网发展早期，手机还有多种按键设计，各手机厂商还推出很多外形不同的手机。2007年第一代iPhone的发布，一改之前诸多按键的设计，宣告着进入智能手机时代，但智能手机经过十几年的发展，直到今天仍没有太大的变化，无非就是屏幕更大、“刘海”更窄、电池续航更久，甚至各手机厂商所生产的手机从外形上来看都很相似。

移动互联网发展至今，被大规模使用的手机这一硬件并未发生根本性变化，那谁来取代手机成为下一代互联网的硬件载体？既然互联网的迭代是跟着硬件走的，那我们从新硬件的角度出发，去看未来有哪些硬件可以取代手机。目前市场至少已经有4种新硬件出现：智能电车、XR设备、马斯克的星际运输系统以及智能机器人。

以上4个新硬件既有共同点也有不同之处，相似之处是它们都更加地智能化，本质上都是融合了系列新技术，比如人工智能；不同之处在于，4个新硬件指向了未来互联网可能的几种出路：

- 智能电车——指向人的生活场景的智能化；
- XR设备——指向元宇宙，或者说包含了现实物理世界的虚拟集合；
- 马斯克的星际运输系统——指向火星，脱离地球；
- 智能机器人——指向智能生活的方方面面。

严格意义上来说，智能电车和智能机器人指向的是同一类出路，智能电车的本质并不是汽车，而是带轮子且可以跑的智能手机。预计未来智能电车在硬件上也会越来越相似（类似手机的迭代），而汽车厂商们主要竞争点在于软能力。如果从时间和空间两个维度来看，智能电车和智能机器人对人的改变并不大，就如同智能手机代替过去用的计算机，而现在智能电车和智能机器人又将其取而代之。

而马斯克的星际运输系统主要是从突破空间限制的维度，去思考人类未来生存方式，甚至是思考未来人类命运的走向，距离真正实现还太遥远。

目前来看，XR设备是最被业界寄予厚望的，有望取代手机成为下一代被规模化使用的新硬件。而XR所指向的元宇宙，在时间和空间的维度上都有一定的探索。也就是说，元宇宙相对于互联网的迭代，是除了发挥互联网的工具功能之外，使我们整个的感官体验实现全面的数字化。

因此，从新硬件演变的角度看，站在当下，我们认为互联网的未来出路之一，即为元宇宙。

（二）生活数字化

所有感官体验的数字化，是本书论述的元宇宙的本质。第三次计算文明一定是根植于元宇宙的本质，孕育于虚拟世界与现实世界相互影响、螺旋进步的土壤当中。数智化是由信息化到数字化的终极阶段，这一阶段解决的核心问题是人和机器的关系：信息足够完备，伴随着每一次交互的改变，现代科技将计算平台升级。一般人们会把个人计算机和互联网认为是最早的计算平台，人类借此拿到了进入数字世界的钥匙。手机和移动互联网紧随其后，形成了第二波信息科技浪潮，打开了人类进入数字世界的大门。现在正处于VR/AR（虚拟现实/增强现实）眼镜、智能耳机等穿戴设备取代手机这一信息平台的交互式升级中，而元宇宙就是下一代计算平台——新硬件带来感官增强、数据洪流带来计算架构的升级。

三次计算文明变革及其带来的用户体验升级：

- 第一次计算文明——个人计算机+互联网=信息数字化；
- 第二次计算文明——智能手机+移动互联网=视听数字化→人的关系数字化；
- 第三次计算文明——XR+元宇宙=人的体验数字化。

呼应《元宇宙通证》对IT与互联网的回溯，我们用计算文明这根衔接主线，即信息化、数字化、数智化，串联起各个发展阶段。我们先回溯了计算文明，再聚焦至具体的关键节点，其中数字化是衔接中枢，数字化前承信息化，后启智能化。IT与互联网的融合发展结果，首先是信息的数字化（信息化），然后是人的关系数字化（数字化），最后是人的体验数字化（数智化）。

IT最早发源于半导体，然后发展出计算机、通信网和互联网，进而演进到现在的人工智能、XR、云计算、大数据、物联网、工业互联网、区块链、量子计算等。《元宇宙通证》将IT/ICT（信息技术/信息与通信技术）划分为四大阶段：

- 半导体时代（1833—2005年）；
- 计算机时代（1936—2010年）；

- 通信与互联网时代（1980—2018年）；
- ABCD大时代（2011—2020年）。

互联网是个一直在快速发展演变的复杂综合体，从不同历史时期和不同层面，可以有不同的划分阶段。一部互联网史就是一部人类扩展网络互联的文明史。在技术、商业、政府和社会的互动与博弈中，互联网发展之路，既是时代的必然，也充满了偶然。《元宇宙通证》将互联网划分为四大阶段：

- 互联网基础设施建设时期（1969—1993年）；
- PC互联网时期（1994—2010年）；
- 移动互联网时期（2007—2017年）；
- 元宇宙时期（2021—）。

1. 半导体时代（1833—2005年）：奠定三次计算文明的基础

20世纪是科学技术突飞猛进的100年，原子能、半导体、激光、电子计算机被称为“20世纪的四大发明”，而后三者的发明彼此密切相关。其中，半导体材料的发明对20世纪的人类文明影响巨大。

语义智能在人和机器之间自由交互，变成一个你中有我，我中有你的“人机一体”世界。人和机器之间的语义裂隙逐步被填平，并逐步走向无差异，或者无法判别差异。数智化是数字化的最终结果，业务单元的智能、商业的智能和商业生态的智能。也就是数据一旦积累到一定程度，智能机器或业务单元才能被训练出来，自然而然达到了智能化水平。

元宇宙不单单是某一两项技术的应用，需要将VR/AR、5G网络、物联网、人工智能、云计算和区块链等前沿技术进行深度融合。VR/AR为用户进入元宇宙提供了入口；5G网络保障接入的稳定性和全域覆盖；物联网推动海量机器接入元宇宙，并将极大丰富数据资源。VR/AR+元宇宙将共同协作开启第三次计算文明，在前23年的互联网巨头建设好的基础设施上，一定会有望出现新的技术、新的平台、新的商业模式，以及崛起新的巨头。

随着BIGANT这六大技术领域的快速发展，虚拟世界和真实世界共生的元宇宙大门已经打开。BIGANT这六大技术领域已相继进入拐点期，正迎来一系列重大突破和创新，元宇宙大发展的时期即将开启。

物联网是元宇宙的一大副产品。2005年，国际电信联盟发布了《ITU互联网报告2005：物联网》，正式提出了“物联网”的概念。2008年9月，Google推出Google Chrome，以Google应用程序为代表的基于浏览器的应用软件发布，将浏览器融入了云计算时代。2011年，Apple公司发布了iCloud，让人们可以随时随地地存储和共享内容；2018年，5G第一阶段的国际标准Release5制定完成。

从1833年英国科学家巴拉迪首先发现硫化银材料的半导体现象，到2005年全球半导体产业舵手张忠谋卸任台积电CEO，半导体已经成为必不可少的底层材料。时至今日，几乎所有电子产品与计算机组件里都有半导体的存在。可以说，半导体为三次计算文明（PC互联网、移动互联网、元宇宙）奠定基础。

2.计算机时代（1936—2010年）：个人计算机从无到逐渐普及

IT发展初期的计算平台以服务器与台式计算机为主，主要供大型机构使用，后个人计算机逐步普及。20世纪60—70年代，IT行业处于大型机阶段，该阶段主要由Burroughs、Univac、NCR、ControlData、Honeywell（霍尼韦尔）等公司统治；20世纪80年代，DEC.IBM、Data General、Prime等公司崛起，小型机如雨后春笋般快速涌现。

20世纪90年代，IT行业进入个人计算机时代，Microsoft、Intel、IBM、Apple等公司成为行业领军者；同时伴随技术进步，IT行业迎来软件大爆发，Office办公软件、金山词霸等软件快速普及，为生产、工作、生活提供便利。

2010年，Apple发布第一台iPad，既填补了Apple在智能手机和笔记本电脑之间的真空地带，又提出了灵活自如的操作系统解决方案，标志着个人计算机时代的临界点到来，此后智能手机、平板电脑等移动终端迅猛兴起。

3.互联网基础设施建设时期（1969—1993年）：军转民之前

互联网的基础设施建设，起初由政府出资，主要面向军事研究，网络规模和用户规模小，数据传输速率低。

从20世纪70年代末开始，即使当时的互联网还没有商业可行性，却实现了令人难以置信的增长速度。后来，1G、2G、3G、4G、5G等系列通信网络的发展，TCPP、HTML、MIME、www等一系列协议、标准、产品的创建，才为互联网的迅速普及真正扫清了障碍。

4.PC互联网时期（1994—2010年）：互联网技术社会化启用

互联网技术社会化启用阶段始于1994年。1994年，美国克林顿政府允许商业资本介入互联网建设与运营，互联网得以走出实验室进入面向社会的商用时期，开始向各行业渗透，这是我国互联网发展的起步阶段。1994年4月，中关村地区教育与科研示范网络工程进入互联网，这标志着我国正式成为有互联网的国家。之后，ChinaNet（中国公用计算机互联网）等多个互联网络项目在全国范围相继启动，互联网开始进入公众生活，并在我国得到迅速发展。在有了基础建设的普及后，越来越多的人需要上网，于是PC终端被大量普及。此时，互联网的主要作用为连接人与人以及获取资讯。Web2.0更注重用户的交互作用，用户既是网站内容的浏览者，也是网站内容的制造者。

1999年是互联网史上最疯狂的一年。1998年到2001年期间，埋设在地下的光缆数量增加了5倍。全美70%以上的风险投资涌入互联网，1999年美国投向网络的资金达1000多亿美元，超过以往15年的总和，IPO（首次公开募股）筹集的资金超过了690亿美元，是有史以来融资额第二大的年份。那一年美国457家完成公开上市的公司当中多数与互联网相关，其中117家在上市首日股价翻番。美国有史以来IPO开盘日涨幅前10大的交易中有9桩是发生在这一年。在当年，美国371家上市的互联网公司已经发展到整体市值达1.3万亿美元，相当于整个美国股市的8%。

5. 通信与互联网时代（1980—2018年）：智能移动设备从无到逐渐普及

20世纪80年代，1G正式进入生活，此后，通信技术不断迭代至5G，信息传达也从文本、图片、升级至音频、视频、直播。在3G时代，网络基础设施较完善、用户容量较大，同时触屏操控、支持各类应用软件的智能手机不断更新面世。在4G时代，网络下载速度提升，网络资费大幅下降；网络视频、游戏等快速兴起，移动支付、电子商务快速普及。在5G时代，网络时延进一步降低至毫秒级。

移动互联时代，智能移动设备的出现使得网络用户数量及上网时间大幅增长，获取和产生信息的端点数量和交互频率大幅增加，联网的空间和场景变化多样，并由此衍生出丰富多样的应用程序，渗透至日常生活的方方面面，产生的数据量也呈几何级数快速增长。与大数据相适应的云计算应运而生，形成以数据中心为基础设施平台的laaS（基础设施即服务）、PaaS（平台即服务）、SaaS（软件即服务）三层云计算架构。

6. 移动互联网时期（2007—2017年）：重塑互联网发展路径

移动互联网改变了互联网发展路径，手机取代PC正如移动电话取代固定电话。在以iOS和Android（安卓）为代表的智能手机操作系统诞生前，互联网的发展一直受制于PC的渗透率，移动互联网时代处于相对落后的年代，随着通信技术的进步，网速和带宽问题的解决为2007年后的大时代提供了无限可能。2008年后，移动宽带接入开始加速增长，2011年智能手机销量超越PC销量，达47亿部。

视听内容全面爆发，人的关系（社交关系）部分实现了数字化。图文、视频、音频是视听消费的主要内容形式。图片和文字是内容消费早期的形式，随着移动互联网的快速发展，视频和音频逐渐成为内容消费的主要形式。图文形式以微博为代表，主要有新闻资讯类、专业资讯类、文学类、漫画类等内容，其中新闻资讯类的平台用户集中度较高，平台间差异化程度也相对较低，而专业资讯类的平台瞄准细分市场，平台内容特色分明。图文内容到如今的模式成熟，丰富多元，盈利稳定，具有知识性、娱乐性双重特征，图文形式的内容平台逐渐向综合性的、多维度的付费平台发展。视频包括长视频、短视频和直播，其中长视频三大头部平台聚焦IP内容，具有原创的独特优势；短视频和直播流量大，广告重，变现快。短视频领域竞争激烈，模式新、增速快，目前已告别野蛮生长，规范健康化发展。

用户流量爆发式增长至今，独立用户数已达5.08亿，占国内网民总数的46%，使用时长无限逼近长视频，成为第三大移动互联网应用。音频和图文、视频相比，具有多场景兼容的优势，基于更多的场景占据了用户越来越多的时长，未来也将逐渐成为内容消费的主流形态之一。音频行业以内容付费促进内容生产，质高价优，用户付费前景依然广阔。内容形式多元化，承载渠道多样化，音频的全场景发展优势在“屏”越来越多、终端越来越多的时代，相对稳定的竞争优势非常明显。用户需求驱动互联网内容行业繁荣，在内容供给端，不同的内容展现形式与不同的用户定位相结合，诞生出丰富多样的视听产品，同时满足了用户的社交需求。

7.ABCD大时代（2011—2020年）：网络化、智能化成为发展重点

A：AI（Artificial Intelligence），人工智能；B：Blockchain，区块链；C：Cloud Serving，云服务；D：Big Data，大数据。网络化、智能化成为发展重点，更加关注数据和信息内容本身。

这一阶段，不仅强调信息技术本身的进步与商业模式的创新，且重视将信息技术融合至社会与经济发展的各个行业，推动其他行业的技术进步与行业发展。

8.元宇宙时期（2021—）：

移动互联网时代的热潮尚未退去，产业互联网、物联网、区块链、元宇宙一浪高过一浪的大潮就迫不及待地掀起。人类过去所有时代的数据总和，都比不上互联网时代产生的数据体量，信息的爆炸性增长催生了很多与之息息相关的技术，如：大数据、云计算、区块链、人工智能等。随着BIGANT［B（区块链）、I（交互）、G（游戏）、A（人工智能）、N（网络）、T（物联网）］这六大技术领域的快速发展，虚拟世界和真实世界共生的元宇宙大门已经打开。

从革命性来讲，元宇宙甚至都不应仅被当作下一代互联网，而应当作下一代人类文明。元宇宙时代，屋主不仅可以在数字孪生的虚拟房屋中自主设计装修风格，还可以在决定的时候从触觉、嗅觉、视觉等出发全方位感受灯光、家具材质和居住体验，还可以在审美疲劳后，进入到虚拟房屋中进行重新设计和体验，轻松拥有虚拟空间和现实空间两种完全不同的居住环境，还可以利用虚拟穿戴设备将家里场景变成水族馆、动物园、游乐场、室外游戏场等。

如果你想吃一顿美好的午餐，可以在数字厨房中选好食材，选择午餐类型，然后坐下来等待……现实空间的中央厨房将会得到你的需求数据，让机器人做好并通过智能无人机配送到家。

元宇宙下的智慧社区，在新型基础设施的支撑下，对接城市大脑，将社区住户、房屋、基础设施、硬件、建筑等要素和数据通过物联感知技术采集起来建构数字孪生社区，通过人、事、物、场景的连接与共生，实现统一的信息化社区管理和智能化社区服务。

在社区治理方面，以网格化管理为主要形式，通过立体可观场景再现，对人口、车辆、安防设施等社区运行状态进行实时监测，对社区隐患进行准确定位，物业公司可以提供报修、缴费、停车、邻里互动等智能化服务。建立多种数据分析模型，获取社区各项治理成果和指标体系，辅助社区能源和资源的管理决策，推进低碳社区的可持续发展。

在社区服务方面，通过对接城市政务服务和商业服务平台，打造集社保办理、家政管家、医疗养老、文化消费、教育出行、快递超市等于一体的便民服务，全面满足社区居民服务需求。

（三）信息化、数字化、数智化

信息化与数字化的界定看似模糊，从文字定义来看，信息是经过人为理解、加工进而提炼的，不等于原始的、百分之百的事实。举例来说，线下商店购买商品，客户从进入商场、挑选货品、放入购物筐、结账、支付到出门，行动轨迹中最重要的是筛选出来交易环节，核心在于人工POS机扫描出来的“信息”——商品名称、型号规格、数量、价格，这些信息是基于收银人员的人为识别、理解、加工并选择提炼的，这是信息化的过程。若真正的数字化技术支撑的无人店，购买货物从进门到出门，均全程、全息地实时记录，数字化是以机器为主，能做到数字化的技术支撑群是非常庞大的，涉及感知、认知层面的识别，进而判断并给予反馈，囊括业务智能化处理、数据驱动、大数据技术（数据存储、数据计算）、人工智能技术（巨量的数据分析）、物联网技术（物联网设备）。

根据数字化的定义——数字化是要在计算机系统中虚拟仿真物理世界，从而通过数字技术驱动企业的业务创新、驱动商业模式的重构、驱动商业生态的变革。按照Gartner的定义，业务数字化是指利用数字技术改变商业模式，并提供创造收入和价值的新机会，它是转向数字业务的过程。数字化简单地说，就是将信息用数字表达出来，将问题和现象转化成可分析、可量化形式的过程，追根溯源，数字化源于20世纪40年代香农证明的采样定理，即用离散的序列可以代表连续的函数。形象地说，万事万物都可以纳入0和1的算畴，任何具象都可以抽象为数字，都可以进行“数字化”，这是一种技术概念。

从应用的角度来看，数字化把数据当作类似于土地资源去开发。开发则需要数据资源，于是记录已经发生的所有数据成为前提；需要开发资源，则需要ABC（AI、Big Data、Cloud）等数字化技术；需要将资源充分变现，则需要用到数字营销、数字孪生等各种数字化变现方法。

在趋势上，所有信息类的事物都将数字化，可以更便捷、高效的虚拟形式孪生呈现，再配合其他材料技术等，将趋于尤限仿真。AR、VR类技术已走向数字化，但仍然依赖信息交互界面（如你需要选择虚拟屏幕上的start按键），动作识别、眼球识别才是真正的数字化。未来我们所生活的物理世界上，一切信息的数字化需要许多探索工作去迭代回归，也需要开发更多实物载体，如传感器，以支撑实时信息的感知、采集、处理。我们以城市化建设中最重要的食品物流链为例，一盒牛奶，从奶牛吃的牧草的种植、产出，牛奶的出厂、运输、储存、接单、配送、签收，直到你打开这盒牛奶，所有信息都是记录在册，可查询、追溯、校验、取证。

数字化衔接信息化与数智化。数智化是数字化最终的结果，包括业务单元的智能、商业的智能、商业生态的智能。这里需要特别强调——数据只有积累到一定程度，智能机器或业务单元才能被训练出来。所以数智化是数字化的结果——

数据饲养下的智能化水平的水到渠成。

信息化是一种映射的逻辑，将关键的节点信息提炼出来，且多为人工提炼。感知、采集、识别判断、指令传递、动作控制、反馈监测均处于数据层面，与人的关系只有数据界面交互，特别强调的是所有语义内容均为人为定义、解读、赋予，信息系统只是传递、运算、执行。

而数字化开始接近语义层面的识别问题。在信息化的基础上，在识别、采集数据底层已经设计、赋予了语义内容，且在算法上植入了包括自然语言理解、智能识别、自组织、自寻优等智能能力，助力系统的识别判断、指令传递、动作控制、反馈监测都具备了一定的语义内容，与人的交互，进而开始具备双向的语义互动。

数智化则完全构建了人与机器的各方面自由交互，人与机器之间的语义裂隙迭代式被填平，并最终走向无差异。

（四）数字化与信息化

世界的复杂性决定了我们在接近高难度的问题时，采用抽象、建模等方法去逼近真实境况，通过数据的巨量迭代，得到最优化的解决方案。在信息化时代，技术手段非常有限，对世界运行过程中的难题，采用简单的、选择性的、线性的映射，通过最笨重的人工方式记录，如一个客户姓名、一件衣服的颜色，于是大量的基于各种关系的数据库应运而生，构建了结构性的描述。信息化是互联网时代的长足进步，但我们设想，能否越过简单、粗糙的人工识别方式，更加智能化呢？

数字化不是信息化的简单升级，是越过了信息化的惯性路径。我们借助海量传感器（从成本到性能再到性价比都合适的）捕捉实时动作，用越来越成熟的实景地图技术、定位技术、最佳路径规划技术进行辅助，经过训练的人工智能视觉识别技术，在识别准确率、识别速度上越来越快（深度学习让机器识别的训练也越来越容易，更多现实世界的东西可以被机器识别）。配合海量的数据传输技术、海量的数据存储技术、海量的数据计算处理技术，如同将人体生命特征信息，毫无遗漏地用各种传感器监控起来，所采集的信息源源不断被上传到云端的大规模计算机世界中，在计算机世界里就可以用数字化重建这个人的全部生命特征。借力各类技术——传感器 / GPS / 摄像头、人工智能视觉识别 / 语音识别、数据爬虫 / 关联推荐技术、4G/5G/NB IoT、海量数据存储与计算技术、区块链技术、大规模云计算技术，现实物理世界在计算机世界里，理论上可以全息重建。

信息化是一条路，借助于人力，正在发生变革；数字化是另外一条路，它更多借助于自动化设备、智能OS设备，装备了大量传感器的设备，以大数据和人工智能深度学习驱动的数智化或人工智能视觉识别驱动的数智化，实现物理世界的全息。

●解构数字化时代技术，包括信息输入——传感器、视觉识别、语音识别；逻辑处理——AI智能匹配、智能调度运筹、AI算法模型自动自适应优化调参；信息输出——语音交互、多轮会话、智能推荐、文本生成。

●运行层面的数字化技术，包括端——芯片、模组，操作系统（如华为发布的鸿蒙）、传感器、GPS；管——数据网关、传输中间件、时序数据库；云——IoT接入平台、标识解析、大数据湖、人工智能服务、数字孪生可视化、BIM。

2021年5月28日，日本在内阁会议上通过了2021年《制造业白皮书》。白皮书提到，鉴于美国、中国、欧洲加强进出口管理，白皮书从经济安全保障的角度出发，要求日本国内制造业强化供应链，精准把握风险，同时指出必须推进脱碳化和数字化。

按照价值链来看，数字化包括：

●研发设计环节：使用3D仿真CAD（计算机辅助设计）、仿真测试验证CAE（工程设计中的计算机辅助工程）、VR/AR仿真体验、3D打印虚拟制造。

●研发—生产协同环节（标准主数据服务）：注重标准主数据，如材料信息标准主数据库、研发设计E-BOM和生产M-BOM对齐。

●生产环节—混合现实：AR/VR/MR辅助装配，把数字世界和物理世界协同在一起。

●仓储环节—AI+IoT+自动化技术：无人立体仓库、无人运输小车AGV（自动导引运输车）。

●物流环节—运筹学+人工智能技术：智能物流规划与调度。

●产品销售环节：个性化交互式配置，会用到XR技术和3D仿真技术。

●产品运维环节：智能产品，带传感器、智能操作OS、5G/Vilax数据传输技术，做到远程数据采集、远程诊断；如果是单向的物理世界映射到数字世界，即数字孪生；在数字世界远程操控物理世界，即信息物理系统（CPS）。

根据应用场景不同的数字化价值链：

●仿真——数字世界仿真技术、AR/VR/MR技术、数字孪生可视化技术、CPS。

- IoT——传感器、智能硬件、自动化技术。
- 人工智能——机器视觉、运筹学/推荐。
- 大数据——行业标准主数据库服务、人工智能知识图谱。
- 电子商务应用——用户在线化自助选配下单、购买支付。

（五）数字化承载数字经济归于知识文明

信息化是指将现实物理存在的事物，通过数据化手段，借助二进制编码，通过电子终端呈现。这是相对于信息化完全是靠人来实现的，也就是说人工录入数据，才能实现信息化。数字化采用的是自动化采集，采集—呈现—分析几乎同时完成，不需要人工录入数据，比如利用手环记录的心跳和运动数据。

从概念上来说，数智化是指事物在网络、大数据、物联网和人工智能等技术的支持下，所具有的能满足人的各种需求的属性。通俗来说，即利用以上技术，能动地、自动地做出决策，如无人配送车，将传感器物联网、移动互联网、大数据分析等技术融为一体，从而能动地满足货物配送的需求。

借助数字化，未来世界将呈现物理世界和数字世界两个平行世界的特点，物理世界是原型和基础，数字世界为物理世界提供质效优化的数字解决方案。数字化将劳动者由人变成了“人+机器”，劳动者可以呈现指数级增长；将生产资料变成了“工农业用品+数据”，数据从有形到无形，且没有数量限制；将劳动资料变成了“工农业设备+计算力驱动的数字化设备”，呈现指数级增长，生产力得到了空前的解放，人类社会快速进入数字时代。数字化从近期看指向数字经济，从远期看指向知识文明。

数字科技驱动网络协同创新模式。工业时代，创新是由基础研究到应用研究再到行业发展“链式创新”的单向、线性过程。数字化则着眼于物理世界和数字世界的互动融合，一方面需要解决实际应用、面向用户需求、开发全新市场的场景式研发与创新，从用户需求出发对科学研究形成逆向牵引；另一方面各类基础学科、基础技术领域的各项基础和应用创新寻求突破。每个创新主体都是庞大网络体系中的节点之一，都会参与到新科学、新技术、新产品的开发应用全过程，创新产业化周期大大缩短。

网络式生态化的协同式创新正在释放更多的活力，即从基础研究到应用开发的中间环节，呈现出网络式的研究特点，多主体参与，创新模式发生了质变。从创新周期来看，创新节奏加快、周期缩短、快速迭代、持续改进、及时反馈以及敏捷管理的创新，正在引领这一轮的数字化创新，并不断驱动其他长周期的创新领域。

（六）生物数字化

约15亿年前，地球上只有原核生物（prokaryotes），大自然通过20亿年的进化，孕育出这些结构简单的存在；漫长岁月中，偶然的一个原核细胞A进入了另一个原核细胞B，不论是A入侵了B，还是B吞噬了A，这个过程偶发性地创造出第一个真核细胞（eukaryotic），变为一体的AB是一种新的存在，AB有了属于自己的DNA和生存模式。

这样的一次入侵或吞噬，孕育出新的巨大成果，创造出惊人的结构，这个结果如果足够复杂，可以产生分工，分别为细胞、骨骼、肌肉。当下我们仍不知道DNA传递的确切机制，但我们已经知道，隔离了时间和空间，我们会将自身的信息，经过某些修改后，传递给下一代，我们修改自己DNA的这种现象，虽然微不可查，但的确发生了。

基因的变异亿万年里一直在发生，但7万年的时候，又发生了一次突然的改变，让人类从芸芸众生中的一员变成了地球的主宰，这个过程不是基因在起作用——饱受欺负的智人得到了一个超级外挂，那就是语言。在此之前，群体内人的交流诉求是通过吼叫来表现，如面对围猎的动物，他们只能大喊自己的同伴，但掌握了语言之后，就可以清楚沟通被围猎的动物的位置、动物的体型及特征，在信息传递的时候，智人就具备了其他芸芸众生无法模拟的优势。

理查德·道金斯（Richard Dawkins）所著的《自私的基因》为我们提供了一种新的世界观，书中将进化论从基因层面升华至文化层面。这本书中指出，在文化发展之初，是有一些传播上的障碍，但后来产生了一些倾斜传递，类似于基因传递中的校正读码以及其他精细的传递结构，这些结构寄生在信息传递的高速公路上，带来了巨大的改变，这就是文化的基因——被称为“模因”（meme）。书中还提出在这个世界上，只有人类能够反抗自私的复制因子的暴攻。

无论是真核的爆发还是文化爆发，都是在稳定规则上发展出来的自我改善机制，爆炸性的成果是递归从量变到质变产生的结果。

英国国防部与德国国防军在2021年5月发出的报告《“人类增强”——新范式的曙光》提供了一种人类自我改善的新范式——人机协同。人机协同可以分为四个阶段：一是手持设备；二是可穿戴眼镜、耳机等；三是义肢、义体；四是人脑协处理器。

人工智能专家杰弗里·辛顿（Geoffrey Hinton）说，神经科学家已经知道一些大脑运行的事实，却还不了解其计算原理。如果我们真的能理解大脑是如何学习的，而不是那些心理学家构建的模糊的模型，懂得它、模仿它甚至制造它，理解到哪种程度，它就会产生跟DNA结构在分子生物学中的那种影响。我们会由此构建第三条递归改善的高速公路（人机协同类似原核细胞A和原核细胞B构建真核一样），由此构建人机协同的自我完善之路。

递归式自我提升会引起智能爆炸吗？我们从技术发展史看产业变化，从IT到DT。

CT时代：通信技术（Communications Tech）。《信息简史》对人类信息产生、交互、表示、记录沉淀做了历史性的脉络梳理，它认为从人类没有产生语言不会说话开始，就已经产生了有节奏的鼓点，后来有了语言、文字、字典、书籍，后又发现了宇宙微波、无线电，发明了电报乃至电话以及现在的移动无线电话。从电报开始，我们可以叫作CT时代，即通信技术。

IT时代：信息技术（Information Tech）。从单机时代到局域网时代到Web互联网和移动互联网时代，核心技术就是联网——连起网来，靠人协作来提高生产力。在互联网时代来临之前，巨头包括CPU Intel、服务器IBM、PC Dell、存储EMC、路由器Cisco、软件Microsoft、数据库和中间件Oracle、应用软件SAP，商业模式很简单——做IT产品卖IT产品。互联网来临之后，信息走出了单人单企业的边界，全社会全球互通了，巨头包括信息搜索Google、社交网络Facebook、社交媒体Twitter、商务社交Linkedin，通过整合用户（流量），转移支付（广告），这些均是IT时代的成果。

DT时代：数据技术（Data Tech）。IT时代做IT工具是为了帮助用户更好地完成所想做的事，DT时代做IT工具的目的是收集数据，收集数据是为了建模，让人工智能深度学习来训练模式，再让人工智能关联推荐来进行事情的自动化。DT时代的核心技术是大数据和人工智能深度学习。DT首先被应用到了社会化资源的整合与调度，如Amazon智慧采购、Uber智慧打车调度、Airbnb智慧住宿调度、菜鸟网络智慧仓储物流调度，它们都是靠社会化海量资源的最佳调度优化来获利，抢占了社会商业活动的发展红利。

未来或许会进入OT时代：操作技术（Operational Tech）。DT时代为了收集数据，付出了大量的精力。虽然有Web互联网、移动互联网，有OpenAPI、有数据爬虫技术，让数据汇集更方便，但仍然需要人通过Web交互或移动交互来输入数据，数据的产生速度、产生质量仍然不高；到了万物皆智能、皆能联网时代，核心技术是OT、人工智能视觉听觉识别技术，万物直接产生数据、数据不需要抽象转化、直接发送到云端。

过去我们需要通过信息化，人为把事情判别抽象整理为结构化的文本信息描述出来，现在我们根据现实世界的视觉、触觉、听觉、味觉，就直接采集直接存储，这就有了数字化、数字孪生的说法，这样的多媒体数据，容量才够大、才真实。

关于人机协同，我们普遍关注特斯拉和Space X的CEO埃隆·马斯克所开创的Neuralink，这家公司旨在通过人脑植入，实现人脑和计算机之间的无线接口，Neuralink重点在于创建可植入人脑的设备，最终目的是帮助人类跟上人工智能的进步。

关于Neuralink建立的意图，马斯克曾经在一次演讲中说道，随着时间的推移，我们可能会看到生物智力和数字智力的合并，它主要是关于宽带、你的大脑和数字化版本自己之间的关联速度，尤其是输出这部分。此后在2017年2月迪拜举行的“世界政府峰会”上，马斯克也强调了人机共生的重要性，他认为人类需要与机器相融合，成为“半机械人”，才能避免在人工智能时代被淘汰。

人机共生不仅能够增强人类认知能力，也可以用于治疗癫痫或重度抑郁症等疾病，从疾病治疗入手是马斯克惯用的打法——马斯克的逻辑是先从人们生活的实际问题入手。Space X和特斯拉遵循的都是这个逻辑，先从近期能够解决的问题入手，如火箭发射、电动车、太阳能电池等。在医疗领域，电极阵列和其他植入物被用于帮助改善帕金森病、癫痫症和其他神经退行性疾病的影响。然而，地球上很少有人将复杂的植入物放置在头骨内，而具有基本刺激装置的患者数量也只有数万人而已。这是因为对人类大脑进行操作是非常危险、有侵害性的，只有那些用尽了其他医疗方法都没有很好效果的人，才能选择进行这样的手术。

Braintree联合创始人Bryan Johnson，创立公司Kernel，致力于自主医学研究，以试图增强人类的认知能力，Kernel及其日益增长的神经科学家和软件工程师正在努力扭转神经退行性疾病的影响，最终使我们的大脑更快、更聪明。

生物智力和数字智力的合并，障碍巨大，如神经科学研究人员对人类大脑神经元通信的理解非常有限，收集这些神经元数据的方法非常初级。此外，这项技术也存在着遭受网络攻击的隐患。虽然困难重重，但仍然有诸多与马斯克一样想要用人脑直接控制计算机的技术先锋。

人机协同的关键在于脑机接口（Brain-computer Interface，BCI），也称意识—机器接口（Mind-machine Interface，MMI）、直接神经接口（Direct Neural Interface，DNI），是一种人类大脑同外部设备之间的直接沟通方式。脑机接口旨在用于研究、扫描、辅助、增强和修复人类意识或感官功能。脑机接口的研究始于20世纪70年代的加州大学洛杉矶分校，由国家科学基金拨款，遵从一份同DARPA（美国国防高级研究计划局）签署的协议。由这项研究所发表的论文也第一次在科学文献中提及“脑机接口”。

20世纪80年代，在一份关于“脑机接口”的报告中，涉及意识控制物体、移动机器人和使用脑电信号，脑机接口的研究领域至此主要集中于神经修复术应用，例如恢复受损的听力、视力等。由于大脑的皮质具有可塑性，植入假体所发出的信号在被人体适应后能被大脑操作，在多年的动物实验后，世界首个神经义肢于20世纪90年代中叶被植入人体。

脑机接口的研究始于汉斯·贝格尔（Hans Berger）首次发现人类大脑活动时所产生的电信号，即脑电波，以及脑电扫描法的运用。与该领域的几个先驱科学家一起，神经外科医师和发明家菲尔·肯尼迪（Phil Kennedy）在20世纪90年代与其他几位科学家一起研发了“侵入式”人脑—计算机接口。1996年，在动物身上做过测试之后，美国食品药品监督管理局（Food and Drug Adminstration，FDA）允许Kennedy将电极植入无法说话或者移动的闭锁综合征患者体内。

第一位志愿者是特教老师玛乔丽（Marjory），她患有渐冻症（ALS），手术后Marjory能够通过思维控制开关，然而由于她的身体太过虚弱，在手术过后76天去世。1998年，53岁的越战老兵约翰尼·瑞恩（Johnny Ray）成为第二名志愿者，手术后Johnny从昏迷中醒来，虽然意识清醒但没办法移动除了眼皮以外的身体部位。肯尼迪（Kennedy）医生后来通过手术，让一位因患有闭锁综合征而严重瘫痪的病人利用她的大脑控制计算机中的光标。2014年，为了建造一个语音解码器，把人想象自己说话时产生的神经信号进行翻译，通过语音合成器进行输出，67岁的Kennedy选择在自己身上做了一项史无前例的试验——在他自己的大脑中植入电极以便在大脑的运动皮层和计算机之间建立联系，后续Kennedy在伯利兹城进行了长达十小时的第二场手术——植入电子元件，这样他就能从自己的大脑中收集数据。2015年秋天，Kennedy在芝加哥美国神经科学学会上呈现了利用自己的大脑研究出来的结果——在大声朗读特定声音时，他所记录的65个神经元总是以特定组合表现出来，而在他默念这些声音时，也会出现同样的组合，这很可能是研发思维语音解码器的关键。

二、前沿区块链技术为“元宇宙”筑底

作为世界三大区块链公有链之一的conflux树图区块链公链系统，在主网稳定运行近400天，用户数量已超1050万、日处理交易达30万~50万笔之后，迎来2.0升级版本。在可以预见的未来，树图区块链系统底层技术将大范围支撑“元宇宙”与“web3.0”产业，横向、纵向释放VR、AR、游戏、人工智能等相关数字信息产业产能，助力数字治理转型、数字经济的集约式跨越增长。

区块链公链系统是信息科技领域的基础研发也是国际赛道，需要不断精进与创新，超越自我也超越同一赛道的竞争者。conflux树图区块链公链系统1.0在不牺牲安全性和去中心化程度前提下，突破了区块链公链在交易吞吐量（tps）和确认时间（confirmation latency）上的系统性能瓶颈，达到每秒可处理3000笔以上交易，是第一代公链“比特币”系统的428倍，第二代公链“以太坊”系统的75倍。借此，conflux树图区块链公链系统1.0实现了性能领跑全球，动态节点稳居世界前三，被行业称为第三代公链。

当前，我们正处在科技变革引领，技术进步催生经济发展新业态、新模式、新动能的时代，全球范围建立在分布式系统（区块链）之上，可以包容一切数字化和可以被数字化场景的元宇宙、web3.0正呼啸而来。conflux树图公链系统2.0正是在这种背景下演进的迭代。迭代后的树图公链，拥有着更强的安全性、兼容性和适用性，为中国及世界数字经济发展及各种形态的元宇宙web3.0提供安全坚实的数字底座。

据树图区块链研究院院长龙凡教授介绍，conflux树图区块链公链系统2.0增加了一层采用权益证明（pos）的最终性确认机制，通过pos投票的方式确认区块链的状态。新的确认机制增强了conflux树图公链系统抵御51%攻击的能力，也更简单易懂，有助于降低区块链开发者和用户的认知成本。该升级不涉及区块链交易的打包和执行规则，不影响普通用户正常使用。同时，为加快树图公链系统

用户与生态拓展，升级后的2.0版本，将引入一个完全与以太坊兼容的虚拟分片（称为conflux espace），允许以太坊生态已有的各种应用直接访问和操纵conflux espace中的账户。

数据是数字经济的基础，数据权益是web3.0与web2.0时代最大的区别。“我认为当前依托conflux树图领先的区块链技术优势，前瞻布局企业、自然人数字身份建设很关键。”发布会现场，龙凡分享了最新的科学研判，因为数字身份是数字权益基础，也是城市数字治理转型的基础和数字经济“新赛道”的基础，抢先布局有益数字经济高质量发展和抢先构建数字经济新发展格局。在他看来，元宇宙不是简单的多种信息技术叠加或数字孪生，数据权益才是未来互联网的发展方向。

令人遐想无限的元宇宙，不仅仅是三维虚拟现实，最迷人的是将人类社会的各种活动由现实的物理世界，迁移至虚拟的数字世界。而这离不开区块链技术支撑起去中心化和分布式的元宇宙经济。作为上海科创中心建设中新型研发机构的“探索者”之一，上海树图区块链研究院用“中国原创”区块链底层操作系统，打破了欧美计算机系统底层代码的垄断，让中国有望抢占国际公有链技术规则的一席之地，更在元宇宙的基础设施建设中占得先机。

（一）跻身全球三大公有链

蒂凡尼制作的玻璃向日葵、陈家泠的水墨画、杜海军的油画和雕塑……走上西岸AI智塔39楼，一条条充满艺术气质的长廊相互穿插，构建出我国区块链前沿技术最硬核的研究空间——上海树图区块链研究院。从这里诞生的树图conflux公有链，正与比特币、以太坊并驾齐驱，构成了全球三个区块链公有链。

公有链是全世界任何人都可读取，发送交易且交易能获得有效确认，也可参与其中共识过程的区块链。一旦开启，谁也不能让它停下来。目前，全球三大公有链社区，分别代表着三代公有链技术。在达到相同性能和可靠性的前提下，树图区块链每秒可处理3000笔以上交易，仅需20秒即可确认交易，其速度是比特币系统性能的428倍、以太坊系统的75倍。

截至目前，树图公有链上的账户数已经超过1050万个，部署6489个合约，用户遍布中国、日本、北美、欧洲、东南亚等国家及地区。华能“碳账本”、湖南卫视数字主持人……过去一年，来自不同领域的企业都在寻求与树图的合作，这条世界第三代公有链迎来了应用爆发期。2022年4月，全球公有链在民生领域的

“第一单”开启应用——由上海市房地产经纪行业协会、上海树图区块链研究院和零幺宇宙联手推出“房屋租赁服务平台”，约3000套公租房信息将陆续“上链”。由于区块链过程透明、不可篡改的特性，这个公租房网络平台的房源信息不会被房产中介扭曲，让房东和租客从中受益。

（二）新型研发机构的新活力

从2020年初建立树图区块链研究院至今，短短两年时间，树图已经给全球区块链前沿技术掀起一股强劲的“中国风”。这样的速度比上海树图区块链研究院院长龙凡预料的快了些，惊人的活力正来自新型研发机构的强大生命力。

新型研发机构是有别于传统研发机构，具有管理制度现代化、运行机制市场化、投资主体多元化等特征的独立法人单位。

近年来，上海正加快建设这类科研机构，取得了显著成效。新型研发机构现已成为上海市提升基础科学研究能力，促进创新源头培育的重要抓手，是上海市提高创新策源能力的重要创新主体。

树图区块链的初心，就是一群年轻人“聊”出来的。2018年，就在龙凡前往多伦多大学任教之前，他偶然受邀回到清华大学，代了一节密码学课。课堂上，龙凡与清华大学“姚班”学生共同探讨区块链，产生了一个新的创意。随即，同是“姚班”毕业生的龙凡，决定带领大家一起做点有意义的事。

从做点有意义的科研开始，作为首批上海新型研发机构之一，树图区块链研究院应运而生。树图不同于传统研究机构，采用多元化的投资主体，科研人员在这里不仅可以获得和业界IT精英一样的高薪待遇和各种资源，还可以在自己感兴趣的技术领域自由深耕，哪怕独树一帜或是最终失败都没关系，毕竟科学研究就是一条前路未卜的道路。

例如，conflux公有链上线之后，接下来的研究方向和技术路线会是什么呢？在树图，各研究团队可以根据自己想象中的区块链“未来之路”开展研究。

“毕竟，前沿领域哪里出成果，特别是从0到1的原始创新，都是没有前车之鉴的，更不是领导拍脑袋说了算的。”龙凡说。正是因为科研人员充分拥有了自主性和积极性，树图才在区块链信任、存储、应用场景等诸多领域，都开了花，结了果。

如今，元宇宙概念兴起，区块链是元宇宙的底层技术之一，树图多样化的区块链前沿技术研究，已经为搭建元宇宙基础设施，做好充分准备。

三、区块链在传统行业内的前景展望

区块链离我们到底有多远？这取决于广大企业介入该技术的积极性。

不同公司介入区块链有着不同目的：对于软件和服务提供商而言，使用区块链可以为传统客户提供更好的产品，在力争获取竞争优势的同时，避免因技术变化而淘汰出局。

对于传统平台型公司而言，使用区块链可以巩固自身的商业模式，避免被新技术带来的商业模式颠覆；对于创新企业而言，使用区块链可以寻求新技术带来的颠覆式创新机会。

因此，鉴于区块链的广泛适用性，多数企业都将有积极使用的动力。英国、美国、日本等发达国家政府与金融机构正“热火朝天”地参与其中，力争通过占领区块链技术先机巩固其国际金融中心的地位。可以预见，区块链的全面普及将会很快到来。

与欧美等发达国家相比，我国对区块链的关注较为滞后。

2016年1月央行数字货币研讨会上，央行宣布考虑发行数字货币，这是政府层面的首次发声。2016年4月，由中证机构间报价系统股份有限公司等11家机构共同发起的区块链联盟——中国分布式总账基础协议联盟China Ledger宣告成立，该联盟的成立是期望能够开发出符合中国的政策法规、国家标准、业务逻辑和使用习惯的底层区块链基础设施。

目前，国内对区块链的认知多数还停留在比特币上，其他领域应用极少。随着“互联网+”战略的加快实施，未来我国的区块链产业也有望逐步培育起来。

我们甚至可以认为，区块链具备颠覆一切行业的可能性！近年来，区块链应用已经从第一代的比特币，进化到了第二代的支付清算、证券交易、医疗、物流、政务服务、博彩娱乐等各个领域。

支付清算：由于区块链可摒弃中转银行的角色，实现点到点快速且成本低廉的支付，因此在支付清算尤其是跨境支付行业有着显著的优势。通过区块链平台，不但可绕过中转银行，减少中转费用，还因区块链安全、透明、低风险的特性，提高了跨境汇款的安全性与清算速度，大大加快资金利用率。未来，银行与银行之间也可不再通过第三方，而是通过区块链技术打造点对点的支付方式。

据麦肯锡测算，区块链技术在B2B跨境支付与结算业务中的应用将可使每笔交易成本从约26美元下降到15美元，其中约75%为中转银行的支付网络维护费用，25%为合规、差错调查以及外汇汇兑成本，成效非常可观。

证券交易：证券交易市场是非常适合区块链技术的应用领域。传统的证券交易需要经过中央结算机构、银行、证券公司和交易所这四大机构协调工作，才能完成股票交易，不仅效率低，而且成本高。

引入区块链后，就可独立地完成一条龙式服务。尤其对于私人股权交易而言，其只需要一个可靠的系统来记录股权归属并进行股权交易，却又不需要具备很强的交易处理能力，区块链技术的特点正好符合这样的需求。

目前，美国纳斯达克与英国伦敦证券交易所均在私人股权交易领域开始试水区块链应用。纳斯达克在2015年10月正式推出了它的区块链平台Nasdaq Linq，通过Nasdaq Linq进行股权交易的用户们将享有一种“数字化”的所有权。

Linq给予一个让人容易看懂的历史发行记录，让用户们的记录更容易地进行审核，并在发行管理和所有权转让方面赋予他们更多的权限。今后，在性能问题解决之后，股票等交易频率更高的金融资产也可能将迁移到这类公开的平台上交易。

医疗：医疗领域是除了金融领域外区块链应用的第二大领域。由于包括病历在内的很多用户资料极具私密性，这就需要很高的安全措施进行信息保护。然而，当前中心化管理的信息系统在各类网络攻击下越发力不从心，容易出现大规模数据泄露问题。即便是安全技术很高、采用封闭系统的苹果公司，也出现多次数据泄露，造成恶劣影响。区块链高度安全的加密算法与分布式存储认证体系，正适合解决这一问题。

目前，荷兰飞利浦医疗和Tieron公司展开合作，通过区块链技术完成病历资料的认证与隐私保护。通过设立复杂可编程的权限保护，所有数据都无法随意阅读和篡改。即便区块链系统中部分区块遭到攻击，也不会造成任何问题。

物流：区块链技术可以记录货物从发出到接收过程中的所有环节。通过创建共识网络，能直接定位到快递中间环节的问题所在，也能确保信息的可追踪性，从而避免快递爆仓丢包、误领错领等问题的发生，也可有效促进物流实名制的落实。

快递交接需要双方私钥签名，每个快递员或快递点都有自己的私钥，是否签收或交付只需要查下区块链即可。最终用户没有收到快递就没有签收，快递员无法伪造签名。这样即可杜绝快递员通过伪造签名来逃避考核，减少用户的投诉。

四、实体与数字经济的融合

近年来，互联网、大数据、云计算、人工智能、区块链等技术加速创新，使得数字经济正日益融入经济社会发展。在新发展阶段，需要推动实体经济和数字经济融合发展，以数字技术培育新动能，以新动能带动新发展。

近些年，人工智能一直在国家层面被反复提及，“工业互联网”连续5年被写入政府工作报告。人工智能作为新一代产业变革的核心驱动力之一，以AI为典型代表、基于大模型应用的技术创新和产业成果在我国全面开花，正成为人工智能发展的新趋势。

2022年3月11日，中兴通讯公布了一款独特的电脑产品，仅一张名片大小，重量50余克，具有轻巧、便携、高效和极简易用等亮点。这款名为中兴太极云电脑W100D，之所以能实现办公的功能，更多是依赖于云端的计算能力。

根据从天眼查获取的有关数据显示，从国家将人工智能纳入重点任务之一，到确立新一代人工智能发展三步走战略，再到“打好关键核心技术攻坚战”，随着国家将数字经济治理写入政府工作报告，人工智能产业将呈锐不可当之势。天眼查数据显示，我国目前有人工智能相关企业超222.8万家，2021年新增注册企业68.2万家，增速达56.89%。

（一）智能制造赋能升级传统工业

无人车间里，一台台机器人灵活挥动手臂协同作业，监控大屏上不仅实时显示所有生产数据，企业订单、物料、仓储、物流等信息也一应俱全……2022年3月13日，记者在重庆飞象工业互联网公司模拟“智慧工厂”看到这样的场景。

在重庆两江新区，百度智能云开物工业互联网平台与一家日化生产厂商合作，为生产线装上智能大脑，实现设备智能运维，减少因设备异常造成的停工损失。AI“老师傅”像专业工程师一样用AI模型进行参数调优，工作耗时从30分钟缩减为1分钟，效率提升30倍。

“传统制造业的特点是大批量、同质化，好比大象，体量大、转向慢，越来越难适应个性要求高、迭代速度快的新消费需求。”飞象工业互联网公司执行副总经理穆金刚说，“公司尝试整合工业互联网和消费互联网，为制造业提供更智能、更灵活的平台，让‘大象’也能飞起来。”

“如何解决未来环卫劳动力的缺失问题，我认为肯定是用机器去解决的，而不是人去扫马路。”深兰科技董事长陈海波这样说。

在位于重庆南岸区的深兰机器人智能制造工厂，企业生产的AI智能扫路机，能自动驾驶、自主避障，不到5分钟就顺利完成室外约500平方米的清扫任务。作为人工智能国家队的中坚力量，深兰科技与重庆南岸经开区合作，打造的人工智能Auto ML（自动机器学习）智能制造开放平台，受到众多企业青睐。

据了解，2021年重庆市规模以上工业总产值实现2.6万亿元，增加值同比增长10.7%，创近6年新高，智能制造功不可没。该市2022年将推动1250项智能化改造项目，新建10个智能工厂、100个数字化车间，新增1.5万家企业“上云用数赋智”，在汽车、装备、电子等产业建设10个创新示范智能工厂。

而重庆人工智能产业的飞速发展，仅仅是全国的一个缩影。统计数据表明：中国人工智能市场规模从2016年发展至2021年，6年内保持持续增长。中国人工智能市场规模从154亿元增长至2020年的近2000亿元，年复合增长率超过60%。随着新基建产业越发受到国家重视，人工智能产业未来将持续增长，预计2022年将达2700亿元。

（二）一度遇冷的创投重回“高光时刻”

2022年全国两会上，高质量导向的稳增长成为代表委员重点讨论的议题，而在GDP中占有重要比重的制造业，恰恰是数字化转型诉求最强烈，工业互联网成为推进制造业数字化转型的关键抓手。

正如百度副总裁李硕在接受记者采访时说：“人工智能和工业制造交织在一起，

让我们看到人工智能应用在工业生产中的诸多变化，体现在新连接、新数据和新知识，并将这些要素聚集和连接在一起，产生了新的商业模式和产业价值。”

曾几何时，人工智能创业潮远超现在的元宇宙和虚拟偶像，然而巨额吞金背后AI技术商业落地并未像预想中进展顺利，90%的人工智能公司长期处于亏损状态。迟迟望不到头的投资人在2019年动摇了，随后有的投资机构和投资人甚至彻底逃离了人工智能领域。

2021年人工智能领域迎来“高光时刻”，国家层面对人工智能给予支持，先后颁布了一系列行动计划和纲要。在“十四五”规划纲要中，更明确了人工智能将成为建设创新型国家，实现新型工业化、信息化，推动经济高质量发展的最有力助推器之一。

2021年，人工智能独角兽企业集体“闯关”IPO，9家人工智能企业在A股或是港股提交了上市申请。其中，估值吓退众多投资人的商汤科技在2021年年末成功登陆港股；2022年春节前5天，由李开复博士亲自挂帅的创新奇智顺利成为“AI第二股”。

2022年刚一开年，深势科技就抢到了人工智能融资头彩，获得数千万美元B轮融资。依靠“AI+分子模拟”技术，深势科技在国内开拓了新的应用领域。

据统计，2021年中国人工智能领域相关企业融资共计247起，融资总额达549.9亿元，B轮之前的初创项目投资总数占到53.4%。包括地平线、图达通在内的11家人工智能独角兽企业，去年获得超10亿元融资。

尽管人工智能对实体经济价值越发重要，但随着与实体经济的结合日益紧密，AI治理的问题也日益凸显。

在旷视科技合伙人兼总裁付英波看来，人工智能既是赋能社会治理的重要手段，也是需要妥善治理的对象。人工智能与实体经济深度融合，注定是一场长跑。

据了解，旷视科技公司在业内率先成立“人工智能道德委员会”，负责监督和制定AI伦理治理相关的规章和管理机制，并发布《人工智能应用准则》《正确使用人工智能产品倡议书》等文件，引导员工和合作伙伴共同发展负责任的AI。

“人工智能技术自主可控、产业成果规模应用对强化我国产业链自主可控意义重大。”全国人大代表、科大讯飞董事长刘庆峰说，“应加强知识产权保护，降低维权成本，为科研成果保驾护航。”

智能网联汽车蓬勃发展，但数据安全和用户隐私如何保护？长安汽车董事长朱华荣认为，法规还需进一步研讨完善，包括智能网联汽车产品安全责任认定、交通事故责任认定、自动驾驶责任主体认定、自动驾驶伦理等方面法律条款内容缺失。

人工智能作为科技创新的关键核心技术而备受社会各界关注。人工智能总体上能为经济社会的发展提供有力的技术支撑，贡献度大，但也不能随意夸大人工智能的作用。“3·15”来临之际，重庆工商大学成渝地区双城经济圈协同发展中心研究员莫远明提醒：要警惕社会上有人利用人工智能进行新型诈骗，或者推销打着人工智能幌子却又毫无科技含量的有关产品。

（三）推动融合的挑战

推动数字经济和实体经济深度融合。

当前，以新一代信息技术为基础的数字经济已经成为我国经济发展中最为活跃的领域，是我国国民经济高质量发展的新动能。党的十九届五中全会通过的《中共中央关于制定国民经济和社会发展第十四个五年规划和二〇三五年远景目标的建议》，针对“加快数字化发展”作出全面部署，要求推进数字产业化和产业数字化，推动数字经济和实体经济深度融合，打造具有国际竞争力的数字产业集群。数字经济与实体经济各领域的深度融合所带来的生产效率的提升以及生产模式的改变，也成为产业转型升级的重要驱动力。近年来，工业互联网、智能制造、两化融合、车联网、平台经济等融合型新产业、新业态逐渐进入人们的视野，融入人们的日常生活中，并深刻地改变着人们的生产生活方式。

与数字产业化相比，我国产业数字化依然处于发展初期，特别是先进制造领域数字化应用程度亟待提高。先进制造业是我国制造业转型升级的方向，是我国制造业参与国际竞争的先导力量。要积极抓住数字产业快速发展的机遇，发挥制造业大国的优势，推动大数据、互联网、人工智能和实体经济的深度融合，创造出智能制造、产业互联网等数字化的新业态和新模式，为先进制造业的高质量发展注入新动力。

推动实现数字经济与先进制造业的深度融合，我国目前面临以下几个方面的挑战。

1. 挑战

一是我国先进制造业自主创新能力不足，关键核心技术缺失，一些核心零部件和技术长期受制于人。由于对核心技术掌握并不深入，在运用新一代信息技术为实体经济发展赋能时，一些产品的关键技术无法破解，如何深层次利用数字技术获取价值创造仍在摸索阶段。而且，在一些核心技术外部依赖的情况下，即使利用数字技术也难以将产业的潜在高附加值激发出来，主要受益方依然为技术来源国。这导致我国先进制造业与数字经济融合的叠加效应和乘数效应没有得到充分发挥。

二是数字技术专业技能人才缺乏。从当前的人才梯队来看，高素质专业人才的缺乏依然是制约我国先进制造业发展的重要瓶颈。在企业的管理决策层面，如果缺乏数字化思维就不能准确地感受到外部环境的变化，也就不能及时推动数字化变革，很难做出好的顶层设计。在员工层面，传统的产品研发和运营领域的人才较多，真正掌握大数据分析、数字化管理、人工智能的人才相对较少，还不能很好地将数字领域的新技术与实体经济领域各产业的发展深度融合，难以在细分垂直领域应用新一代信息技术进行产业改造。

三是数字经济与实体经济领域各产业的融合程度不高。数字经济与产业融合通常存在两种形式，一种是产业内部成立信息技术部门，另一种是产业与信息技术企业进行合作。无论是哪种形式，均存在对产业领域和数字经济的认知差异。比如，大部分制造企业依然重视传统的人力和资本要素，并存在重硬件轻软件、重规模轻质量、重制造轻服务的观念，忽略大数据的新型要素特征，导致部门间和企业间难以形成有效的互通机制，不能有效挖掘利用数据价值。另外，部分信息技术企业通常不能充分把握制造企业的工艺和业务流程，特别是对先进制造业更是如此，难以准确满足转型需求。

四是当前我国缺乏系统化、国际性的国家工业互联网平台，区域层面更是缺乏这样的平台建设。这导致较多制造业企业无法有效利用数据，大部分先进制造业企业利用数据的成本和门槛较高，直接影响了实体经济与数字经济融合的动力和积极性。

2. 变革

数字经济是新一轮产业变革的关键领域，加大数字经济与先进制造业的融合度，实现实体经济领域的产业数字化转型，需要在以下方面聚力：

一是大力培养数字人才，助推产业数字化转型。在产业实现数字化转型的关键期，数字化人才显得尤其重要，既包括管理人才，也包括技术人才。作为管理者，必须具备数字化思维，对数字化具有敏感性和适应能力，才能迅速找到数字化转型的切入点。对于业务负责人，需要关注数字化技术与业务模式相融合创造新价值的能力。对于软硬件工程师，需要培养数字化专业能力，成长为业内“行家”，才能更容易促进数字技术与传统业务的深度融合。另外，还需要积极开展数字人才储备的培育和教育工作。以既具备数字化思维，又熟悉先进制造业发展模式为导向，选择国内重点高校，开展大数据、人工智能等新兴学科的试点，发展应用型和科研型两类人才，最终形成多层次、全方位的人才培育体系。

二是持续做好顶层设计，营造良好环境。①构建较为完善的智能制造标准体系。在制造业领域推广数字经济，必须有统一的标准体系，包括基础、管理、安全、检测等共性标准和智能工厂、智能装备、智能服务、大数据、工业软件等关键技术标准。当前，我国已初步建立了智能制造标准体系，还需要继续大力推进该体系的构建，探索标准实施和反馈的工作机制。与工业强国开展合作，积极参加国际智能制造标准制定。对接国外最新研究成果，及时更新并完善标准体系，寻求国际智能制造标准的话语权。②运用财政资金激励先进制造企业拥抱数字经济。积极探索有利于数字经济发展的财政支持政策，落实好相关税收减免和扶持政策。为处在起步阶段的数字化企业从资本市场融资提供便利，支持符合条件的企业发行公司债券，探索股权和债权相结合的融资服务。③政府与产业合作共同培育“数字土壤”，让新的数字技术更快融入产业核心业务。通过对“孕育于数字”新业务的政策扶持，提高产业新业务的需求市场，才能使数字经济与产业融合的步伐更加稳健。④加强知识产权保护，营造公平开放透明的法治化营商环境和市场规则，着力激发制造企业借助数字化创造新价值。

三是发挥数字化领头羊的引领作用，提升社会责任和社会价值。数字经济从概念到落地，已经推动全球制造业迎来新一轮的“工业革命”。在这场信息时代与工业时代的“对话”中，中国制造企业凭借数字化走在了弯道超车的道路上。当前正值工业互联网落地的关键期，也是中国制造实现弯道超车的关键期，需要出现更多头部企业引领中国先进制造业的未来。头部企业资源丰富，一个头部企业可以带动一整条生态链。头部企业应发挥其社会价值，集中资源打造转型标杆，让其他企业在转型中少走弯路、降低风险。特别是在当前加快构建新发展格局的大环境下，大型科技企业的领头拉动效应尤为重要。在数字化领头羊的带动下，可以从个体转型上升到产业协同转型，进而形成矩阵效应。

四是着力共性技术研发，加快启动国家工业互联网平台。依托行业协会、大型互联网企业等，优先建设一批开放共享的国家级工业互联网平台，实现对先进制造行业的数据采集和应用。实施工业互联网重大专项工程，推广“产业大脑”开放平台，以聚焦核心业务和共性业务数字化转型方案为杠杆，撬动千行百业的数字化转型。在建立国家级工业互联网平台之外，还应该从企业层面引导优势企业建设行业互联网平台。促进企业上云上平台，加快企业数字化转型的进程。

五是数字经济是利用数据来引导资源发挥作用，推动生产力发展的新经济形态，包括大数据、云计算、物联网、区块链、人工智能、5G通信等新兴技术。在应用上“新零售”“新制造”等都是其典型代表。近年来，我国实体经济迅猛发展，但一直大而不强，缺乏竞争力。实体经济要想成功转型升级，需要加快与数字经济融合，提升先进制造领域的数字化应用程度。

数字经济与实体经济融合仍面临一些困难。制造业自主创新能力不足，一些核心技术还是依赖于国外，导致数字技术无法将产业的高附加值激发出来；数字技术高层次人才短缺，掌握大数据分析、数字化管理的人才较少，不能很好地将数字领域新技术与实体经济领域产业相融合。

因此，要引导优秀民营企业和国企加大对技术研发的投入，加快数字化建设，加快企业数字化转型，使实体经济数字化。加快人才培养，既要培养数字化思维人才，也要培养软硬件工程师，加强数字人才储备。要充分发挥数字经济在生产要素配置中的优化和集成作用，将数字经济发展中的创新成果深度融合于实体经济的各个领域之中，提升实体经济的创新力和新动力，形成更广泛的以数字经济为创新驱动力和实现工具的经济发展新形态。

第三章

元宇宙中的营销法则

当沙鲑般大小的互联网成长为沙虫一样巨大的元宇宙，我们全部都匍匐在新造物主的脚下，敬畏而又惶恐。之所以敬畏，是因为元宇宙产出神秘而稀缺的“香料”，让现实世界和虚拟世界的航行成为可能。之所以惶恐，是元宇宙的发展，从缓慢的线性迭代升级为失控式的进化。一切仿佛脱了我们的掌控甚至理解，自主进化，永不止息。

在元宇宙的世界里，营销的对象是现实生活中的人还是虚拟世界里的数字替身？生产服装和汽车的品牌可以在元宇宙找到对应的现实投射（数字替身同样需要衣食住行），那么原材料制造商、配套厂商以及服务提供商该何去何从？

100年积累的现代商业模式，50年沉积的市场营销理论，20年迭代的数字化逻辑，在元宇宙世界里还能行得通吗？

这一切好比带上沉重的头显，在快感来临之时，晕眩接踵而至。后谕化的浪潮先是让品牌屈从于网红臣服于流量，然后继续裹挟着品牌重新思考自己在元宇宙的意义和价值。

这是消费主义的沦丧，还是商业和营销的扭曲？

虚拟即现实。元宇宙的一线曙光已经投射在营销人的沙丘上，让我们可以远眺它模糊而巨大的身影。我们对元宇宙理解上的障碍，一部分原因是它的“经济基础”（区块链、智能合约ERC20/ERC721/TRC20、分布式加密和存储、空间计算、NFT、数字替身）和“上层建筑”（数字替身Avatar、超级虚拟秀场、XR、开放式游戏、玩家造物中心）。

这套复杂的“经济基础”和“上层建筑”构成了元宇宙生态的7个层级。

元宇宙的7个层级

理解了初代元宇宙的7个层级，我们才能更好理解元宇宙自主进化、互识互通和即时即刻等诸多特性，让我们不至于把游戏皮肤误认为NFT，同时又把元宇宙的潜行者腾讯、京东、字节跳动和B站、先行者Decentraland、Zepeto进行简单的对比。

有了这样的认知基础，我们就可以轻松接受这样的概念：元宇宙不是指虚拟世界，而是现实世界和虚拟世界的增强叠加。

当然，我们可以向做游戏的小伙伴请教什么是米哈游和avakin life，尝试关注数字原生偶像AYAYI，使用Coinbase和OpenSea上传第一件自己的NFT，甚至甘愿成为各种初代头显和眼镜的小白鼠。我们也可以溯源而上，阅读尼尔·斯蒂芬森、凯文·凯利、弗兰克·赫伯特以及刘慈欣等科幻大师探索人与机器、现实与虚拟关系的作品，透过他们的想象力窥探元宇宙未来的模样。

我们也可能会讨论元宇宙到底是“好”还是“坏”。从思辨和哲学的角度出发，我们可能会得出这样的结论：科技将异化自然和人的力量，放大和放纵人的欲望，加大现实与虚拟的差距和撕裂。

元宇宙作为进化中的技术，是人的“第二肌肤”，过去一直是，将来也是。重要的不是判断它是“好”还是“坏”，而是我们如何与之共生并且共同进化。

混沌中自有秩序。在数字营销时代，在无限碎片化和流量为王的背景下，我们用人货场三个要素来破题新营销和新零售。同样，破题元宇宙营销，我们也可以试着用人货场来探索品牌在元宇宙中的营销路径。只不过，元宇宙的人货场可能不会同时齐备，不同行业和品牌进入元宇宙的时间也会有先后。

人的转型：面向数字替身的沉浸式营销。在人的维度上，现在关注的是圈层人群、用户画像和行为兴趣。使用消费者生命周期的模型来突入圈层和锚定潜客，在发现、种草、互动、兴趣、加深、首购、复购、忠诚等8个关键节点添加标签并定群分组，然后设计千人千面内容和自动化流程，最后依靠评分体系和归因系统来“养鱼”和“抓鱼”，以此循环往复。

无论我们使用阿里巴巴的FAST+GROW全域营销模型还是字节跳动的FACT+STEP内容营销理念，数字营销的复杂技术体系的核心是数据。

元宇宙世界的用户数据并不会像今天这样容易获取。首先，去中心化会让数据的所有权和使用权从平台过渡到用户手中。其次，区块链技术也会让用户的行为和数据成为元宇宙的货币，品牌获取数据从一个营销行为变成了一种虚拟交易。

基于区块链技术的去中心化搜索引擎Presearch使用由独立节点支持的搜索来

帮助保护查询数据的个人身份，同时通过基于分布式账本区块链把搜索行为和数据兑换成数字代币。自2017年11月首次启动以来，Presearch已获得130万注册用户和30万每月活跃用户，每月访问量超过1000万。

即使我们获得了用户的授权，品牌也需要分辨现实用户和数字替身的区别，元宇宙的虚拟形象并不是现实用户现实人设的镜像，也有可能是增强版或者异化版的投射。当美妆品牌在虚拟游戏中种草时尚辣妹时，它的现实真身可能是满脸胡楂的中年大叔。

在元宇宙，我们营销的对象从现实中的用户变成了数字替身。这个新的营销模式，我们称为面向数字替身的营销Direct-to-avatar（D2A）。

前阿迪达斯数字创新负责人Ryan Mullins创立的Aglet是D2A的一种模式。在Aglet社交平台，玩家会拥有虚拟穿戴：一双Air Force 1s或者Yeezys运动鞋。玩家在出行时可以选择穿着不同的虚拟鞋来赚取代币，鞋子越贵或越稀有，代币补偿就越高。例如，Air Force 1s每步提供40 Aglet，Yeezy 380则为1300 Aglet。

这家已经获得450万美元融资的元宇宙创业公司，希望为现实中的运动鞋品牌创造一个沉浸式体验（广告）平台，通过数字替身的"运动养成"增强品牌对现实用户的心智占领。

Aglet的模式只是面向数字替身的沉浸式营销的初级探索。但至少要比寻找数字替身网红（Key Opinion Avatar，KOA）、游戏广告（Gamevertising）和内容植入更加沉浸式。

这种"植入"和"投射"不会是D2A的好模式。因为如果品牌只是在元宇宙中贴标或者充当道具，那么品牌就丧失了存在的意义。

面向数字替身的沉浸式营销将经历两个重要的发展和演进阶段。

第一个阶段是品牌元宇宙赋能。在这个阶段，品牌借助NFT和游戏，向数字替身提供数字化奖励或者提供数字化产品，在虚拟的世界里解决数字化替身的衣食住行，满足虚拟人设个性表达的需求。在这个阶段，品牌不仅是一个符号，而是一个价值和个性化的表达。赋能虚拟世界的内容和创意，是这个阶段品牌的重要任务。

第二个阶段是品牌的数字化替身参与元宇宙的共生共建，元宇宙营销也会变为BA2UA（Brand Avatar to User Avatar）。品牌数字化替身需要参与虚拟社区的建设，并且虚拟化产品、服务以及品牌价值，完成品牌的虚拟化转型。相关的讨论接下来会在"货"和"场"的两个部分展开。

一、虚拟数字人的营销优势

（一）可塑性强，风险系数可控

众所周知，品牌邀请明星代言是为了扩大影响力和知名度。但是明星对于品牌方而言，是一把双刃剑。明星的不良行为或者是随口而出的一句话，都有可能让代言品牌深陷舆论旋涡。相较于真实艺人，虚拟代言人不会生病、衰老，也没有人设崩塌等问题，符合人们追求完美的心理，创造商业价值的能力更加稳定。

吸引Z世代，立体化传递品牌理念。Z世代，又称网络世代，他们对互联网拥有更强的感知和适应能力，消费能力强，愿意为喜爱的产品支付更多的金钱，成为当前各商家营销的重点人群。作为附加的品牌符号，虚拟数字人能够潜移默化地传递品牌理念，立体地呈现品牌形象。尤其是品牌自建代言人，消费者可以通过“用户共创”的方式，对虚拟代言人的身材、长相、嗓音和性格进行打造，极大地提升了消费者的参与感，成为品牌与z世代情感沟通的重要桥梁。

（二）商业价值高

虚拟数字人可以不停地随着潮流的变化和技术的发展迭代进化，使其拥有较高的商业价值的开发空间和可能性。在国外，虚拟网红il Miquela拥有300多万ins粉丝，仅2020年收入就超过了1200万美元。在国内，一部分虚拟数字人的热度和流量，也不亚于明星：洛天依在淘宝直播的坑位费达90万元，直播带货在线观看人数高达300万，近200万人打赏互动。肯德基根据洛天依成名曲《千年食谱颂》创作的广告歌，几周时间内微博点击量突破250万。数据显示，2023年中国虚拟偶像带动市场规模预计达到3334.7亿元，核心产业规模预计达到205.2亿元，相较2021年均增长3倍有余。

二、虚拟数字人营销的关键环节

（一）技术是虚拟数字人营销的基础

技术是虚拟数字人受用户喜爱的主要原因。柳叶熙能够在抖音一夜涨粉突破百万，取得超越很多品牌运营多年的成绩，就在于视频拥有电影级的画面质感，人物几乎可以以假乱真。柳叶熙那颇具中国古风美女的精致鹅蛋脸，柳叶眉和丹凤眼，成熟的肢体语言和形态引得不少粉丝发问，这到底是真人还是假人？技术也是虚拟数字人的阿喀琉斯之踵。制作一个真实、酷炫的立体人物形象并不困难，难的是一旦虚拟偶像动起来，能不能给予用户较为真实的体验？如果虚拟人物的行动僵硬，嘴唇跟声音不是很同步，哪怕是极其细微的不同点都会激起人们的反感，导致最终的失败。同时，技术的成熟稳定才是其开展商业活动的关键。

（二）人设是虚拟数字人营销的核心

人设是人物设定的简称，包括姓名、年龄、身高、出生背景、成长背景等。人设是虚拟数字人营销的核心，也是虚实界限的关键点。人设越具象，虚拟人形象就越真实。古风虚拟偶像翎Ling的人设是一位热爱国风文化的女生，非常有国风感；洛天依的人设是既呆萌又腹黑的吃货少女。虚拟人物可以有多个人设，多维度下不同的人设指向能够让形象更加立体。例如合创汽车推出的次元偶像奕心，其人设就非常多元。从定位来看，她是大学校园全能发展的超级新生；从技能来看，她既会唱跳，也有代表作《灵笼》，是个无所不能的国民爱豆；从性格来看，喜爱极限运动的她，跳脱了传统文静女性角色定位，展现出热血满格的活力女孩形象。

（三）内容是虚拟数字人营销的养分

人设建立之后，如何让人设更加丰满，就有赖于内容的创设。

其一，是智能化、场景化的展现形式。以奕心为例，她空降广州国际车展，充满赛博朋克未来感的舞台灯光，加上大屏火焰爆发形式的合创Z03呈现，让奕心酷飒的舞蹈表演，完美融合于合创Z03的潮智科技主题。柳夜熙的视频里，融合了悬疑、美妆、剧情、后期特效技术，炫酷的霓虹灯条、赛博风格的都市以及捉妖人的设定融合在一起，亦幻亦真，兼具“赛博朋克和中式奇幻”风格。

其二，是为用户提供价值。以欧莱雅集团中国社交平台虚拟代言人“欧爷”为例，在“欧爷百事通”板块，欧爷作为新闻部长为用户带来最新美妆动态；在“欧爷说成分”板块，欧爷化身成专家为消费者讲解化妆品成分；在“欧爷面对面”板块，欧爷带领用户认识名人朋友，分享多元化的美。通过覆盖美妆新闻、成分揭秘、娱乐明星等多个兴趣圈层，欧爷为消费者提供了极具价值的丰富内容。

三、虚拟数字人营销的问题

（一）成本高企

创作虚拟数字人是一个耗时耗力的大工程。以国内第一虚拟歌姬洛天依为例，不仅前期设计耗资巨大，后续的优化、维护、运营等方面的投入也十分惊人，洛天依在其诞生整整6年后才终于开始盈利。腾讯依托于本就拥有可观粉丝量的国民级游戏王者荣耀，强势推广，才有“无限王者团”的成功。因此，该领域入局门槛较高，是创意设计、资金实力的综合比拼。尤其是品牌自建虚拟偶像，必须做好持续投入的准备，并且想清楚自建偶像的目的。

（二）短期变现难

我国的虚拟数字人大概有上万个，但像洛天依这样能够进行直播带货、演唱会、节目活动等多种商业活动的头部虚拟数字人少之又少，需要有稳定的粉丝群体支撑。东方栀子、荷兹等虚拟数字人由于找不到合适人设与变现途径，随着热度的消失已慢慢被大家淡忘。出资方想要趁着元宇宙热潮短期迅速变现不太现实，推出虚拟数字人只是第一步，后续如何进行“人设化”经营并进行IP营销才是关键。

（三）内容运营乏力难出圈

客观地说，虚拟数字人毕竟不是真实人物，无法自行与消费者互动，因此强有力的内容运营便尤为重要。以AYAYI的推广为例，运营方先是选择具有时尚、潮流气息的小红书作为主推渠道，在其走红后又策划与各种时尚品牌进行联名合作，加深其时尚高街的人设和艺术感。钉钉所推出的“钉钉兄妹”能够得到用户喜爱，也有赖于钉钉在B站平台持续推出以他们为主角的各类形式丰富多样的动画视频。当前，针对目标受众进行细分的品类垂直运营较为单一，虚拟人个性大多就是吃货、萌蠢、歌姬等，缺乏立体性和多元化。后期，运营方也很难长期用视频、直播、图文等丰富的内容吸引粉丝，导致与粉丝的双向互动不足，如果代言的品牌受众群体与虚拟数字人的受众群体契合度不高，很有可能极大地制约营销效果：花西子同名虚拟代言人品牌微博点赞仅为百位数，肯德基虚拟上校的账号运营仅有数条动态，粉丝数不足千人。由此可见，虚拟数字人营销依然属于小众营销，要成为真正大众化的营销方式，还有很长的路要走。

四、角色化销售体验是核心

赋能实体地产营销“元宇宙看房”，助力提高消费者看房体验。

近期，天下秀旗下元宇宙社交产品虹宇宙与国内领先的房地产企业龙湖集团新开发的“京能龙湖熙上”楼盘达成合作，通过虹宇宙赋能“京能龙湖熙上”实体地产营销，在“元宇宙售楼处”“元宇宙样板间”“虚拟装修场景”以及虚拟社区等领域将开展相关合作，一时受到了不小的关注。

（一）元宇宙与实体地产的结合

《雪崩》这本书里描绘了一个由计算机生成的数字平行世界，如果你的数字替身进入这一虚拟世界，你首先就会看到一条长长的主街，街道两侧就是开发者搭建的各类创意空间，比如建筑、公园、电子标志牌，还有一些现实生活中不存在的东西，比如高悬在半空中的巨型霓虹灯，不受三维时空法则限制的特殊街区等。如果你站在街上往远处看，就会发现两边的建筑和电子标志牌会无限延伸，消失在黑暗中。这是《雪崩》里描述的场景，场景都由用户构建。虹宇宙作为当前落地的元宇宙社交平台，想打造的也是这样一种空间——一个开放式的内容创作平台，场景由平台和用户共同打造。因为虹宇宙的底层技术是区块链，分布式存储、分布式计算，它的价值其实也是由整个生态链的玩家来共建的，任何创作者都有他们自己的虚拟形象，可以自己接入平台，品牌方也是如此。

虹宇宙与“京能龙湖熙上”楼盘的合作就是利用数字孪生、区块链等前沿技术，将实体的生活社区、房屋设计投射进“元宇宙”虚拟空间，像是将要上线的“虚拟样板间”“虚拟房屋装修”等功能场景，可以大大改善消费者的看房体验。这也是在元宇宙场景中将数字文创与房产营销结合的一次重要尝试。

（二）从VR看房到元宇宙虚拟样板间

近年来，包括龙湖集团在内的一线地产开发商，持续不断地寻求着进行数字化转型，借助物联网、大数据、人工智能等前沿技术的创新支持，将服务触角延伸至更广阔的城市空间。比如，“京能龙湖熙上”和虹宇宙的合作已经能通过元宇宙技术，进一步拓展龙湖集团城市空间和服务场景，在三维数字平行世界中实现创意的升级。尤其是房屋的设计和装修，作为一个非常依赖用户审美、用户体验以及空间感的领域，元宇宙的应用空间在里面是非常大的，可能会触发房地产行业的一场变革。长期以来，房地产企业一般需要花费重金去打造样板间，房子卖完了，那些精致的样板间都会直接拆除，造成了非常大的浪费，而在元宇宙逐渐步入高阶的过程中，各种生活场景的数字化模拟层出不穷，甚至售楼中心、社区展示、样板间展示等都用不着再做具体的实物。

有人认为，一般的VR/AR看房是不是也会有效果不错的三维沉浸体验。相关人士曾公开表示：随着技术的发展，当前VR看房虽已成为现实，但也因其只有固定视角以及广角失真的问题，VR看房仍处于比较原始的状态。但是如果当元宇宙的3D虚拟现实技术和虚拟样板间结合，用户则可以“亲身”进入1：1复刻的“线上虚拟样板间”中，超越时间空间的限制，随时随地体验房屋的本来面貌和内部结构细节，并可在“线上虚拟样板间”中进行硬装软装，装修成自己喜欢的样式，以此作为线下装修的模板，高度还原一个真实可感知的房屋全貌。

（三）元宇宙+地产的未来前景在哪里

业内人士指出，元宇宙与实体地产的合作，将为实体地产行业开创全新的数字空间。但是，如果要寻求更加长远的发展前景，还要看以下三方面的突破。

首先是数字资产的确权问题。虹宇宙要建立一个以Web3为底层的沉浸式互联网网络，目标是让大部分人花很多的时间生活在线上空间、虚拟空间，那注定会存在“数字资产需要确权”的问题。现实世界中，你怎么证明你有一套房子，一条项链或者一件藏品？当然是甩出所有权证明，比如房子都是有房本的。那么，诸如一个玩具、一本书籍、一件衣服等，这些在法律上不需要以登记权益凭证来证明所有权的东西，你就需要放好它们，不要丢失了或者被盗了。但是在虹宇宙里，区块链带来了数字ID所承载的独一无二的身份，你拥有的一切都将被赋予数字灵魂，永远不会丢失或被盗。你的任何一件数字藏品，比如虚拟房产、艺术品，既是资产本身，也是凭证。这个数字ID是虹宇宙中的“生命体”，不能被复制、更换、切分，是用于检验特定数字资产真实性或权利的唯一数据表示。

其次，元宇宙中的房产设计师在哪里？在元宇宙中建房子，其实非常麻烦。理论上，所有人都能从0到1搭建一个数字房屋，但实际操作起来还是难度不小，难道你要先学专门的建模软件、设计软件吗？因为大部分玩家可能都没有足够的时间和精力，地产开发商可以将自己的专业设计能力，在元宇宙中拓展出新的创意价值。国外就有一个比较有名的元宇宙“施工队”Voxel Architects在Cryptovoxels里给马斯克的商业航天公司Space X建了个基地。实体地产商的设计能力可以在元宇宙中去做第三方建造服务，某种程度上降低了玩家参与体验元宇宙的门槛。

最后，虚实结合是大型实体社区在元宇宙中的映射。以虹宇宙与龙湖集团的合作来看，不远的将来，虚拟看房、虚拟装修可以通过元宇宙相关技术，基于已开发的地产项目搭建一个更大的虚拟社区，业主不只是住在物理社区，更可以进入孪生的数字社区进行活动，社区也可以提供更全面的线上线下服务，商业运营、住房租赁、智慧服务、房屋装修等所有服务将均可在虹宇宙实现，打造属于“京能龙湖熙上”全体居民的元宇宙社区。

进一步将视野放大，“元宇宙地产+”也是有很大拓展空间的，比如有了土地和建筑之后，现阶段应用元宇宙空间还可以卖广告位，做数字藏品的博览会等。甚至开发元宇宙的项目方，可以跟IT设备公司合作，参与元宇宙的维持运转，帮助解决网络带宽、服务器存储、建立技术接口、市场营销等问题。

五、销售路径及路径感受是角色的延伸

应用和场景为基础，内容和运营为核心。元宇宙将进一步打开虚投入应用场景想象空间；应用领域可分为身份型（核心在于IP及人设打造）以及服务型（替

代真人简单交互的虚拟助手以及可深度交互的多模态助手）。预计2030年我国数字虚拟人市场规模将达到2700亿，虚拟偶像、虚拟分身、虚拟助手、多模态助手分别将达到1474、262、115、840亿元的市场规模。

（一）虚拟偶像

初音未来、洛天依等初代二次元虚拟偶像诞生于2010年后，以CG技术合成＋雅马哈VOCALOID系软件合成声音，其呈现形式和商业化场景随技术进步持续丰富；字节跳动及乐华娱乐于2020年推出虚拟偶像团体ASOUL，并迅速成为顶流；燃麦科技于2021推出虚拟超写实数字人AYAYI、创壹科技于2021年推出超写实虚拟UP主柳叶熙，主要呈现形式分别为静态图片和视频。虚拟偶像盈利模式主要为演艺活动、直播带货、直播打赏及商业代言，周边衍生开发潜力大。头部虚拟偶像直播坑位费、打赏收入可比肩头部真人主播。商业代言方面，头部超写实虚拟偶像已收获10个以上的代言。艾媒数据显示，2020年中国虚拟偶像核心市场规模为34.6亿元，YOY+69.3%；带动市场规模为645.6亿元，YOY+70.3%。

（二）虚报分身

个人在虚拟世界中为自己创造独特形象的身份需求，在社交、游戏、影视等领域被反复验证，且均存在成熟盈利模式。

游戏：游戏厂商有较好的虚拟形象技术沉淀。

社交：SOUL、ZEPETO等虚拟社交产品火爆，铸造了元宇宙的基础入口与支撑框架。

影视：中国影视数字人特效技术（动捕、CG等）取得快速发展，我们预计中国特效行业市场规模有望突破百亿元。

（三）虚拟助手

在交互要求相对简单的场景下应用替代真人服务，如新闻播报主持、文旅导览导航、金融客服、教育、产品说明等。这类产品对于形象精度、交互、人设打造要求均不高。

（四）多模态助手

在通用/特定场景中，多模态助手基于真人形象提供顾问、关怀、陪伴、事务处理等服务，提供关怀感与真实感，对用户系统个性化、虚拟人拟人程度、交互能力要求极高。因此我们认为人工智能研发商、互联网/硬件头部厂商相对优势较大。

六、消费的衍生感受不再只靠想象

（一）实现个人娱乐的极致沉浸式体验，重塑娱乐商业模式

元宇宙中的娱乐游戏可以完全打破传统地理限制，实现场景瞬间切换、容纳无限用户容量和低成本沉浸式体验过程。之前王菲的幻乐一场演唱会可谓刷爆网络，除了传统的直播，VR技术的运用让不在现场的人有了更加立体观看的机会。

在《精灵宝可梦Go》中，玩家不再受空间限制，开启GPS定位，就可以在AR模式中真实地在街道上捕捉精灵。同时，像实体密室游戏、剧院、音乐会和现场实况这些，都可以用AR/VR特效、新技术来提供实体和虚拟的混合增强体验。

传统的旅游，是在特定时空下的文化与感官体验，而未来元宇宙中的旅游，将完美契合数字化时代下文旅行业所追求的发展目标，即虚实结合、高频即时、沉浸体验。

无论是各地的实体旅游景区，还是虚拟空间中的“目的地”，都追求将文化体验根植于受众的心中，满足受众的多元需求，进而衍生更多的文旅产品。旅游不再需要大量的空闲，诗和远方就是日常。

（二）每个人都是元宇宙的建造者，镜像世界与现实世界平行

娱乐游戏其实早已经具备元宇宙雏形，也可以说游戏所构建的虚拟世界是元宇宙的先行探索。

2016年，Roblox宣布将登录OculusRift平台，用户可以在平台上设计自己的VR游戏世界和体验。2019年9月，Facebook发布VR社交平台Horizon，2020年8月，推出公开测试版，用户可以在其中构建环境和游戏，与朋友社交。

在新冠疫情期间，由于无法在现实世界见面，我们看到很多大学开启了线上毕业典礼，学生们利用《我的世界》，创造了一个与真实世界中的大学一样的场景，在这里可以一起欢呼玩乐地举行毕业典礼。我们可以看出数字游戏的开放性和包容性意味着每一个人都可以在元宇宙里构建出自己的镜像世界。

（三）娱乐场景畅想

元宇宙世界，你可以根据自己的喜好创造自己的娱乐空间，建造一个游戏空间，创造一个社交空间。

在这里你可以建立虚拟身份，过不一样的第二人生，你可以是任何不同的职业、身份。和你的朋友在这里聚会、跳舞、参加时装秀、游玩、参观加密艺术展，随时可以看周杰伦的演唱会，和谷爱凌一起滑雪，和张艺谋一起拍戏，谁说NFT不能自己制作？总之在这里可以尽情发挥你的想象力，只要敢想你就是“神笔马良”。

打破时空的限制，更真实地交互体验元宇宙文旅场景。现有的文旅要素“吃住行游购娱”也将形成由色、声、味、触等多重感官深度融合的全方位交互，成为虚实结合的关键点，使受众获得真实的体验感。在人们更加注重人性和个人兴趣的背景下，元宇宙文旅也将促使受众找到自我兴趣度极高且细分的领域和同伴，共同探索和互动，极大地拓展社交圈，以实现个人丰富的存在感。

在此背景下，线下活动随时同步到线上以便受众沉浸式参与、线下NPC随时显现到线上与受众进行互动、身临其境穿越到过去仔细观察文物在时间长河中的形成，如随时往返于金字塔与泰姬陵比较两种古文明的异同、早晨于武汉街头“过早”、中午赴挪威体验海捕、同1万公里外的好友共同参加一场偶像演唱会……都将指日可待。

（四）多重叙事的丰富体验，从游览者到创造者

传统的文旅体验中，游客只有一个单一的标签体验，即“游览者”，以被动观看和接受为主的单向的、一维的游览体验为主，很难形成真正的沉浸式体验。

而元宇宙的文旅体验，每个个体的身份是有别于现实世界而独立存在、可以自由设定的，文旅场景也不再是单一的观览过程，通过交互乃至多线性、多重叙事的体验，每位游客可以享受到迥异的场景、故事情节、角色身份，助其产生强烈的自我代入感，获得更有品质的文旅体验。

迪士尼是“元宇宙”主题公园赛道上入局的行业先锋，原创舞台剧《冰雪奇缘》是早期结合实体和数字技术的项目。它将运动追踪视频图形与大型移动布景结合，创造出阿伦黛尔这一冰雪世界，使游客完全沉浸在冰雪奇缘世界中。

此外，迪士尼也在积极探索通过新技术将乐园的魔力延伸到家庭：允许人们扮演既定角色，甚至可以做自己——在整个故事中为自己创造角色，给故事增添新角色。

七、每种消费感受都值得消费者自我展示

（一）货的重构：虚拟化和现实增强

虚拟世界同样有着衣食住行，并投射人类所有的观念、感知和情绪。当你在元宇宙中醒来，你会为你的数字替身选择什么样的唇彩和手提袋？当你准备去Travis Scott的堡垒之夜演唱会，你会选择什么样的车子和服饰？

需求决定供给，货在元宇宙世界同样重要。虚拟世界不仅延伸感官，而且放大了自我。既然我们已经在现实中忍受成人世界的种种无奈，那么为什么不在虚拟世界里活出精彩的自我：一个张扬奢华有内涵的自我偶像。

这就能解释为什么奢侈品和时尚品牌在元宇宙世界如此活跃和受欢迎。Dolce&Gabbana通过数字艺术品平台UNXD拍卖虚拟服装NFT，总计售出了565万美元。其中的联合创始人Domenico Dolce和Stefano Gabbana设计的玻璃礼服系列The Glass Suit，由@bosonprotocol以351.384 wETH代币拍下（约合149万美元）。Rebecca Minkoff在雅虎XR沉浸式体验平台上设计了400件NFT服装，在OpenSea平台上10分钟内被抢购一空。这家活跃在Clubhouse和Onlyfans平台上的纽约时尚品牌给自己找到了新的印钞机。

摩根士丹利预计到2030年，NFT和社交游戏将会让奢侈品巨头总的潜在市场规模增加10%以上，整个行业的息税前利润将会增加大约25%。截至2021年9月，以太坊链上NFT销售总额从2019年的6300多万美元暴增到70亿美元。而这些不全是由奢侈品牌贡献的。

虚拟世界的"货"也增强现实世界的"货"。否则，两个平行世界的割裂，终将导致现实和虚拟世界连接的坍塌。

在英伟达Omniverse的构想中，虚拟世界的模拟会加速现实世界的生产和创造。基于USD的Omniverse可以让设计师能够在共享空间中进行协作，一名设计师在一个世界中所做的更改会实时更新给所有相关联的设计人员，本质上就像3D设计的云共享文档。Omniverse将彻底改变全球4000万名3D设计师的协同合作方式，公司可以在Omniverse中建造虚拟工厂并使用虚拟机器人进行运营，虚拟工厂和机器人则是其物理复制品的数字孪生。宝马是第一家使用NVIDIA Omniverse来设计整个工厂端到端数字孪生的汽车制造商。

元宇宙，除了游戏和社交的元宇宙，也会包括工业元宇宙（Industrial-Metaverse）。在探索工业元宇宙的长长企业名单中当然包括英伟达、京东工业、施耐德、波士顿动力、喜利得以及微软。

但这并不意味着"货"在元宇宙世界遵循现实世界的经济法则和交换逻辑。最显而易见的不同在于我们使用不同的等价物进行交易。对于品牌来说，第一个挑战就在于庞大而缓慢的财务系统和流程是否准备好了接受虚拟货币和全新的结算方式。即使到现在，还有相当一批的外企连支付宝付款的银行对账都感觉吃力。

（二）场的再造：去中心化和元宇宙社群

人类创造了技术，于是希望可以更多地掌控技术。但是，正如凯文·凯利等学者指出，技术也有自己的需求。

所有秩序都终归于混沌，所有火焰都将熄灭，所有变异都趋于平淡，所有结构都终将自行消亡。那么在元宇宙时代，我们熟知的场，常见的线上的商城和线下的秀场会不会也会趋于平淡，并且最终消亡呢？

2021年5月，GUCCI的创意总监Alessandro Michele把秀场搬上了玩家自创游戏平台Roblox。玩家以阿凡达虚拟人身份，在这个名为GUCCI Garden的沉浸式虚拟画廊里闲逛，可以吃瓜看广告片，也可以变身人体模特穿上花里胡哨的服装拍个虚拟自拍照。当然，你可用475个Robux（Roblox代币）或者使用Rixty购买数字艺术家和时装设计师Rook Vanguard设计的限量版虚拟商品。

我们可以大胆想象，如果说天猫是数字营销最强大的“场”，Roblox也有机会成为初代元宇宙的商业房地产商。不一样的配方，一样的味道。

除了公域的“场”，品牌私域的“场”也将会经受挑战。因为私域和去中心化元宇宙逻辑背道而驰。

元宇宙世界并不是由无数个互相隔绝的绿洲（电影《头号玩家》里的虚拟世界，由詹姆斯·哈利迪创建，被最后由玩家韦德继承）组成。元宇宙将发展成一个互联互通的超级全球平台。就在几个月前观看Travis Scott堡垒之夜演出的数字替身还需要被划分成无数的小组，而现在Surreal已经可以把5万人同时放进一个元宇宙虚拟场馆中。

第四章

元宇宙最快影响的行业——泛感受化产业

在未来的元宇宙时代，虚拟数字人会给用户带来更强的参与感和可创造性，让每个用户成为虚拟世界中的超级个体。作为通往元宇宙的桥梁，欧易将继续紧跟产业发展的趋势，在元宇宙、Web3.0、NFT等高潜领域持续发力，与合作伙伴共同推进加密生态的发展。

目前的虚拟空间都还只是真实世界的降级版本，它们的优势是便捷、突破物理空间的限制和看上去真的很酷炫，同样暴露的缺点也有很多：分辨率太低、网速太慢、互动细节缺失等。虽然作为疫情时期短暂的替代产品未尝不可，但要彻底取代真实生活，却是为时尚早。并且元宇宙的目标不是要取代真实世界，而是通过虚拟世界与真实世界的高度互通，让整个世界，人类的发展都变得更好。技术并不是为了取代人们的生活，而是为了更好地帮助人们生活。

数字孪生技术在如今的智能工业里已被广泛应用。它是通过对物理世界的人、物、事件等所有要素数字化，在网络空间再造一个与之对应的“虚拟世界”，由此形成物理维度上的实体世界和信息维度上的虚拟世界同生共存、虚实交融的格局。2019年12月正式投产通气的中俄东线天然气管道工程就有一个“数字孪生体”，从设计、施工、投产到运营，“数字孪生体”跟随管道全生命周期而共同生长。

元宇宙不是单纯的VR或者AR技术，它不仅是数字货币，人工智能或算力革命，它应该是多种技术的复合，是一个前进的方向，而不是孤立的技术产品。与《雪崩》《头号玩家》等赛博朋克科幻作品不同，真实世界的我们，在展望元宇宙时代的时候，希冀的不是我们逃离真实世界的一针麻醉剂，而是希望通过技术，得到一个更好、更安全、更高效的未来。

一、游戏产业

大家可曾想过，戴上VR眼镜进入另外一个虚拟的平行宇宙？

在这个虚拟世界中，你可以做所有你想做的事，飞上天空，完成现实世界中完成不了的事，随时随地和家人朋友一起相聚，瞬间转移等，各种各样随处可见的3D全息投影。然而这些并不是仅仅存在在电影中的互联网技术，看似离我们非常遥远，其实已经开始慢慢向我们逼近了！

从现今世界上最著名的社交媒体Facebook的母公司正式宣布更换名字，从原本的Facebook换成现在的Meta开始，这一次看似简单地更名，背后却有着非常大的意义，而且在发布会上也透露了非常多游戏产业相关的信息，这理所当然引起了游戏圈的极大关注。

一些报道显示，Facebook也就是现在的Meta，Meta指的就是Metaverse，翻译过来就是元宇宙。元宇宙这个概念对于Facebook来说并不是什么新鲜事，毕竟近几年来他们一直都在尝试往这方面突破。但现在公司都把名字改成了Meta，这就意味着此时此刻的Meta将会步入新的阶段，以全神贯注的姿态往元宇宙这方面发展。

重新改名后的Meta，将会把所有精力投入新项目中。仅仅在2021年，就在这个项目投入了将近100亿美元！而且以现在的情况来看，这个项目在未来的几年里，都不会为公司产生任何盈利，那为什么扎克伯格还是那么坚定地去做这件事呢？难道他已经预测到未来的趋势了吗？扎克伯格表示这样的目的，是为了让全人类能通过虚拟化的方式来做链接，这听起来就很有未来感，但Meta要做的就是创造一个拥有元宇宙的未来，因为扎克伯格深信这就是未来该有的样子。

可能说到这儿，还有部分朋友不知道什么是元宇宙，基本上元宇宙就是对于未来互联网虚拟环境的一种描述，但这个虚拟环境是极为真实的，因为当人们进入这个虚拟环境后是会有感知的，这就和现在的VR游戏有点类似，但也有一些不一样的地方。

现在的VR游戏顶多就只能骗得过视觉和听觉，在嗅觉触觉还有味觉方面就有待发展。但如果未来元宇宙实现的话，那基本上这些问题就不会再是问题了，大家也可以把元宇宙视作以4D形式呈现出来的网络世界，而且在这个虚拟世界中大家都是相互呼应的，毕竟大家都是通过互联网来到这个世界的。

现在的一些游戏中也能看到元宇宙的元素，《堡垒之夜》就是一个例子。这款游戏为了维持人气，时不时就会宣布和一些明星合作并且举行虚拟演唱会，而虚拟演唱会就是一个大家可以想象的元宇宙。

刚刚有提到，这次Facebook的发布会公布了非常多与游戏相关的资讯，其实要实现元宇宙，游戏就是迈向元宇宙的第一步。毕竟元宇宙最不可或缺的就是VR，而VR这项技术在游戏产业也可以算比较成熟了。如果说到VR设备，有的朋友会想到技术最为成熟的Oculus，而这家公司早在2012年就被Facebook以20亿美元收购了。

Facebook曾在2019年召开发布会公布了一款名叫*Horizon Worlds*的游戏。基本上这就是一款VR游戏，玩家们可以通过VR设备进行游戏，相较于其他VR游戏，这款游戏的特点就是比较注重怎么让用户自己去创造一个全新的世界。

游戏中存在一个创作系统，玩家可以通过它去设计自己想要的地图，而且还可以给地图中的所有事物添加互动性。同时可以与其他用户一起进行场景塑造，这大大增加了游戏的互动性。当地图设计完成之后，玩家们就可以进入自己亲手打造的虚拟世界，和朋友一起在里面玩一些游戏，这似乎才是真正的“我的世界”。

这款游戏的概念几乎和元宇宙的概念是一样的，而*Horizon Worlds*基本上就是Meta踏入元宇宙的第一步。这次的发布会上还透露了*Horizon Worlds*的同一系列作品*Horizon Home*，顾名思义这是以家为主题的元宇宙，玩家可以在其中和家人朋友相聚，一起看电影看剧等，未来还可以直接邀请朋友一起进行游戏。

除此以外，扎克伯格在发布会上提到未来将可以直接利用VR设备进行通话。作为一家以社交媒体出身的企业，旗下也有很多社交软件，这就对未来开发那些信息传递技术非常有利，也许不远的将来我们就可以像电影中一样挥动几个手势回复信息。

很明显，VR游戏很可能因此快速崛起，从近几年的数据来看，VR游戏市场有攀升迹象，购买VR设备的玩家也在逐年增长，相信这次Meta公布了一系列的消息后，应该有不少游戏厂商会往VR游戏里投资。

相比以往寥寥无几的VR游戏，现在市面上已经开始出现越来越多的VR游戏了，就比如最著名的炒冷饭系列《生化危机》就在前段时间推出了VR版的《生化危机4》。作为系列中评价最好的游戏之一本身就非常好玩了，现在推出的VR版本更能给玩家带来一种全新的体验。

其实不只这款游戏，基本上有提供VR Support的游戏，都能给玩家带来不一样的感觉，尤其是开放世界类型的游戏，这和元宇宙的概念非常相似，所以在那段发布会中，Meta也向大家公布了一则最让玩家们期待的消息，就是在不久的将来，玩家将可以见识到《圣安地列斯》的VR版本！

除了VR技术以外，AR技术也会有所提升，但和VR制造虚拟环境不同，AR是将虚拟的信息叠加到现实生活中。Meta在发布会也展示了未来将会如何采用这项技术，基本上就是每当玩家戴上AR相关的设备之后，就能在现实中实现和身处远方的朋友一起下棋之类的娱乐活动，这大概就是大家所想象的未来世界吧。

现在AR游戏的问题在于玩家只能通过手机的摄像头才能使用AR功能，大家试想一下，如果以后AR技术成功移植到眼睛上，又或者类似隐形眼镜的AR设备出现，那时大家所看到的世界就会完全不一样了。

说到这里问题就来了，如果要通过AR和VR来实现元宇宙概念的话，首先必须要解决眩晕问题，基本上晕车晕船的人在VR游戏中同样会晕，若要解决这个问题就需要推出更加舒适的设备，但如果设计得太舒服又会产生让人分不清现实与虚拟的隐患。

沉迷也是个大问题，如果今后的日子VR或AR成为主流的话，很可能会有玩家太过沉迷其中，这会造成什么影响呢？

Meta这一次所公布的元宇宙计划和《头号玩家》这部电影所带出的内容非常相似，但电影中的现实世界是非常凌乱的，原因就是大家已经沉迷在虚拟世界之中。如果Meta未来没有掌握好元宇宙开发的话，那后果将不堪设想！

网游市场发展前景如何？在元宇宙概念推动下，元宇宙对网游行业影响几何？近年来，移动游戏随着智能手机的普及发展。2020年游戏支出占人均可支配收入的比例为1.3%。元宇宙的发展完善有望使得虚拟消费成为主流消费类型之一，东北证券认为，元宇宙有望提升游戏行业天花板，推动估值中枢上移。

据媒体报道称，截至2021年6月底，全国移动游戏实际销售收入占市场总收入的76.3%，客户端游戏为19.9%，网页游戏为2.0%。

（一）2022年中国网游行业发展现状及前景分析

移动游戏仍占据主位，是国内游戏市场收入的主要来源。客户端游戏销售收入略有上升，但占比仍呈下降趋势。网页游戏收入继续下降，占比持续缩小。

2021年上半年中国厂商在全球游戏市场中的市场份额显著上升，总体呈现稳定增长的趋势，总市场份额已经跃升至23.5%，再创新高。

2021年上半年游戏行业最新数据公布，中国游戏开发商在海外游戏市场的占比从四年前的10%逐步增长到今年的超过23%，第一次排在海外游戏市场份额首位。

近年来，国内网络游戏行业保持平稳的发展，用户的规模在持续不断地增长，国内外的游戏厂商与市场的联系日益密切，游戏不良影响的社会共治格局已经初步形成。如今，加速上升的游戏产业面临着时代的需求和人才储备的双向挑战，更加精细化、精品化的游戏开发需要更多更加专业的人才。数字化转型给所有企业带来了前所未有的机会，其中云计算技术赋予运营商巨大的市场潜能。

根据Newzoo统计数据显示，2020年游戏行业中移动端游戏占比达到了49%（863亿美元）、PC端占比22%（374亿美元）、主机端占比29%（512亿美元），由于电子竞技行业主要立足于各种网络游戏，因此前瞻假设该比例适用于全球电竞行业市场结构占比，结合该占比和全球电竞市场收入，测算不同市场类型电竞市场规模。

2021年11月12日，伽马数据发布《2021年10月移动游戏报告》，2021年10月，中国移动游戏市场实际销售收入186.38亿元，环比增3.37%，同比微增0.48%。海外市场，中国自主研发游戏海外市场实际销售收入15.77亿美元，环比降1.79%。

中国的风险投资起步于20世纪80年代，在市场经济的大潮中，中国的风险投资事业已经有了较大的发展。随着中国经济持续稳定的高速增长和资本市场的逐步完善，中国的资本市场在最近几年呈现出强劲的增长态势，投资于中国市场的高回报率使中国成为全球资本关注的战略要地。

网游行业研究报告对网游行业风险投资现状、国际化进程与外资进入、融资渠道、如何运作风险投资、退出机制及发展趋势等进行了系统分析，并重点分析了网游行业风险投资的主要现存问题、相应对策以及新形势下面临的机遇与挑战和企业的应对策略等。

游戏是元宇宙的第一个应用场景，数据中心受益于元宇宙应用爆发带来的算力需求爆发，专业可视化受益于元宇宙与现实世界的交互模拟，这三块业务占据了英伟达95%的收入体量——元宇宙巨头，非他莫属。

随着科技的发展，游戏行业也发生了翻天覆地的改变。从首款街机Pong的诞生，到如今AR/MR的广泛流行，游戏的表现形式可谓丰富多样。近年来，元宇宙这一概念火遍全球，众多厂商纷纷推出相关游戏抢占市场，元宇宙的雏形也逐渐显现。

（二）元宇宙是“大型游戏”还是“人类未来”？

如今各界对于元宇宙的看法可以分为两个论调，一是“元宇宙无非就是一群人在大型的虚拟世界游玩，跟目前的VR/MR游戏区别不大，并不能解决实际生物需求”；二是“元宇宙为未来奠定了基调，如今的科技发展方向基本朝着元宇宙描绘的世界前进”。可以看出，两方基本各执一词，那么这个问题存在答案吗？

元宇宙在表现形式上，确实与游戏大同小异，但很多人形成了一个惯性思维“元宇宙仅用于娱乐”。现阶段很多人都看重其娱乐性，其实不然，元宇宙最重要的一点是科技赋能。纵观全球众多经典科幻电影，很多片段都出现了全息操控、意念控制等场景，虽然以目前的科技水平还远未成熟，但也给予了人们对未来的想象。随着元宇宙概念的普及、火爆，很多人惊讶地发现，朝着元宇宙的方向发展，似乎很多难以触及的科幻场景都可以成为现实。

很多人会问，照这个说法，那么元宇宙就是未来的方向吗？不完全准确。众所周知，科技的发展是多元化的，元宇宙的愿景只是其中的一小部分。确切地说，元宇宙或许相当于另一种“中年男子的停车时间”，可以让人从紧张、快节奏的现实生活中剥离，享受片刻属于自己的世界。同时，元宇宙依托现实世界，科技的迅速发展也将作用于元宇宙的完善。

（三）元宇宙对传统游戏行业的影响

元宇宙在前几年或许还是一个概念，但在现在似乎已经形成雏形。全球最大的社交平台之一——Facebook更名为Meta，并宣布将在5年内成为元宇宙公司，其旗下的AR、VR部门“Facebook Reality Labs”将持续投入100亿美元。在Meta官宣后，微软也宣布进军元宇宙，计划将MR平台“Mesh”融入旗下Microsoft Teams，将其变成元宇宙。

此外，游戏行业也“风云涌动”。2021年3月，世界最大的多人在线创作游戏*Roblox*在纽交所上市，一度被称为“元宇宙第一股”。2022年1月8日，疯狂体育推出的足球元宇宙游戏*Crazy Soccer*在Roblox平台上线，覆盖PC、iOS及安卓等全平台。元宇宙不只是娱乐，其表现形式极为多样化，游戏仅为其中之一。传统的游戏方式是经过千锤百炼，使得大众普遍接受的。目前来说，元宇宙成为主流娱乐方式还为时过早，对传统游戏行业产生的影响也并不显著。再者，就元宇宙需要的技术、硬件而言，目前还没有任何一个国家可以真正实现，仍处于探索阶段。

综上所述，元宇宙虽然从概念逐步跨入现实，但现今的技术并不能支持如此庞大的算力，区块链、人工智能等底层技术距离元宇宙真正落地的需求仍有较大差距。传统游戏行业与元宇宙并不冲突，甚至属于平行关系，受影响的概率属实不大。

二、实体轻工产业

（一）元宇宙对开发商的影响

元宇宙的主要开发商包括Decentraland、The Sandbox（获新鸿基9300万美元投资）、Cryptovoxels、Somnium Space、天下秀等。与元宇宙产业有密切联系的公司有Metaverse Group（虚拟地产公司）、Token.Com（虚拟货币及元宇宙地产公司）等。

（二）元宇宙对房地产的影响

在元宇宙中，每一块地都被赋予了其独一无二且不可复制的NFT（非同质化代币）并以此来区分每个地块和每笔交易。

开发商和用户可以在平台上的一级 / 二级市场进行购买 / 出售。在元宇宙中，玩家可利用土地、房屋等虚拟空间进行创造、社交、游戏等行为。因此，要想在其中占据一席之地，用户便需要拥有虚拟土地或房屋。当然，这些虚拟土地或房屋无法在现实世界使用。

在元宇宙这个新兴概念蹿红的时代，联想可以说是领跑者般的存在。早在2012年，联想集团就前瞻性地洞察到了AR设备是下一代智能平台中的发展标杆，便开始积极探索AR技术的落地应用。2017年，联想交出了首份答卷——联想Mirage AR智能头盔套装，这是全球首款沉浸式AR游戏设备，在上市后反响热烈。2018年，联想又接连推出了虚拟现实平台的VR一体机联想Mirage Solo与可用于180度VR视频直播、广角3D视频录制的Mirage Camera。2021年，联想全新推出的ThinkReality A3增强现实智能眼镜工业版和PC版，凭借全面的功能与先进的技术实力，登上《时代》周刊评选出的“2021年的100项最佳发明”榜单，成为AR应用的里程碑式产品。

智无止境，联想为工业元宇宙注入新“联想”。

如果说工业互联网实现的关键在于制造业，那么被誉为“制造业皇冠顶端的明珠”的机器人，就是支撑智能制造发展最核心、最复杂、最广泛的核心设备。基于此，联想将AR技术与工业机器人结合，以自主研发的晨星机器人激发更广阔的应用想象空间。如在国产大飞机的喷漆作业中，操作人员可以在远离喷漆间，在不被有毒气体和粉尘侵蚀的操作室，通过晨星AR眼镜看到现场画面，并以手部动作远程操纵晨星机器人机械臂完成喷漆作业。

在AR技术不断发展与成熟的过程中，联想以AR赋能制造业，用“工业元宇宙”的图景为我们解答了“元宇宙是什么意思”这个问题。未来，联想将继续依托自身强大的科技实力，用联想AR为智能巡检、智能监测、AR实训、远程协作、智能工地五大类业务提供科技弹药，推动企业工业制造与智能化变革。

（三）生产模式的变革提升生产和创新水平

在产业生产领域，传统的工业制造过程中，设计、生产、销售等环节往往有着鲜明的流程界限，在互联网时代，供应链协同生产、区域协同生产、远程制造乃至跨国制造、云制造等逐渐起步并形成趋势。

而进入元宇宙时代，工业产品的信息又将发生巨大的变化：从信息化到数字化，信息将更加精确，信息的完整性、时效性、实时性也都将大幅度提升。从二维图纸到三维模型，从静态模型到运动模型，从抽象数据到仿真模型，依托互联网、物联网、移动网络等技术，实现从数据孪生到信息物理系统，进而到实时性的远程仿真、操控、维护……协同生产将成为主流的生产模式，并将极大地提升生产水平乃至创新水平。

微软的MR解决方案是打造远程协作平台，通过交互技术和远程维修维护、检查、培训，实现降低企业沟通成本、缩短人工差旅时间、减少高碳足迹，目前已在汽车制造巨头Kautex、乳品巨头阿尔乐等生产制造企业间广泛应用。

这被看作元宇宙工业制造场景的初级落地，随着技术应用进步、场景内容丰富，先落地场景的应用反馈将不断加速元宇宙产业场景的进程和发展。

全新的生产关系和组织形态带来价值增值。在元宇宙生产中，由于可以便捷模拟真实生产过程以及供应链组织流程，使组织结构以极低的成本进行优化。例如前置营销将变得更为重要，客户、消费者均可以实时掌握生产的进度、产品的生产情况，并能实时影响生产情况，这必将促进企业领导层的管理和决策加速变革。

届时，元宇宙中的产业不仅将重塑人与生产之间的关系，还将重新定义产业中从业人员的能力要求乃至组织形态，一场管理革命正在悄然而至。这种变革还将实现专家与知识库、人工智能系统的多方集成，促进能源、资源、智力等多方协同，最终实现价值的融合增加。

（四）产业场景畅想

欢迎来到元宇宙工厂，在这里信息实现了前所未有的高效流动。消费者可以通过数字研发空间按需定制，并不受时空的限制。供应链里的所有工厂都成为一个整体，生产活动通过上下游的生产情况实时进行调整，生产信息会实时反馈给上下游企业，真正实现零误差和零浪费。

此外，现实世界的所有活动都反映在数字世界里，区块链技术将忠实地记录下来工厂的生产和销售情况，作为内部控制和面对第三方审查的依据。

一边找家装公司谈装修，一边到建材市场买材料，家具还要单独再去家居商场挑选的零散家装消费模式正在“退休”，以全屋整装、个性化定制和拎包入住为标志的装修4.0时代已经到来，乘此东风，以信息化、数字化为基础的虚拟化、沉浸式家居消费体验正在元宇宙中被实现。

从看房开始，虚拟人可以全程陪同购房者在最短时间内看遍符合需求的数字房产，并给出最佳购房建议。确定房产后，用户可在线DIY进行数字化装修，形成个性化的装修方案。入住后可以实现完全的智能控制和风险预警，实现智能门锁、智能家电、智能睡眠系统等综合一体化管理、实时监控和风险预警，保障住户安全。

三、文旅、教育、娱乐产业

（一）元宇宙对文旅的影响

文旅元宇宙拓展了时空，人们可以在本地虚实相融的空间中，使用VR设备在不离开家的情况下“环游”世界，获得趣味性和沉浸感。

（二）元宇宙对教育的影响

在教育领域，卡内基梅隆大学推出了完全建设在虚拟空间里的全球语言和文化多媒体教室，学生们能够操纵着自己的化身在虚拟的教室里走来走去，听教授讲课，看屏幕上播放教学视频，跟同学进行小组讨论，等等。

元宇宙史上第一课——《虚拟人》是斯坦福大学关于VR技术的一门旗舰课，学生在课程里头戴VR设备，游学虚拟世界。

（三）元宇宙对娱乐的影响

数字人是一个值得注意的名词。虚拟偶像从初音未来到洛天依已经是人们熟知的名字。阿里巴巴推出数字人员工AYAYI，百度推出央视新闻AI手语主播，尚美生活发布“尚小美”们将在新生的数字世界中担负起相当于游戏NPC的角色。

泛娱乐方面，美国游戏公司Epic Games邀请了包括“A妹”爱莉安娜·格兰德在内的多名歌星在《堡垒之夜》游戏中纵情演出；通过VR设备360°全景欣赏体育比赛已不新鲜，2022年北京冬奥会的转播版权分销甚至都增添了VR VOD这一项；迪士尼公司也在开发元宇宙，他们的野心是让人们在家里体验迪士尼乐园；还有文化旅游，谷歌街景服务诞生15年了，有无数的公司投入在这个行业里进行VR和AR的应用，足不出户就能游览世界各地早已不是梦想。

四、网络营销产业

（一）元宇宙对互联网的影响

元宇宙就好比是一个具身性的互联网，在元宇宙里，人们不是简单地去浏览内容，而是身处在内容之中。从互联网1.0到2.0再到移动互联网，元宇宙可能是接替移动互联网的下一个新的互联网时代。

百度依托包括智能视觉、智能语音、自然语言处理、知识图谱等在内的一系列领先的人工智能技术能力，借助虚拟现实内容平台、虚拟现实交互平台，元宇宙世界内容的制作成本将迎来大幅的降低，并推动硬件消费体验的升级和内容生产效率的提升。

（二）元宇宙对游戏领域的影响

由于元宇宙在游戏领域的应用，有一部分人认为元宇宙就等同于电子游戏和虚拟世界。对此有专家表达出不同的看法，元宇宙不能简单等同于电子游戏，也不能等同于虚拟世界，它是创造性游玩、开放式探索、与现实连通。

以Decentraland为例，用户可以在其虚拟土地上按照自己的想法进行个性化建设。对于这些虚拟建筑，用户可以自己收藏或者对外进行二次销售，还可以举办艺术展、音乐节、游戏竞赛、发布会等诸多活动。

五、餐饮、娱乐产业

（一）餐饮业的元宇宙探秘之旅

随着元宇宙浪潮席卷全球，餐饮业的元宇宙探秘之旅已然展开。在新冠疫情的影响下，新技术的迅速发展助推非接触式文化的形成，为“元宇宙”概念重回人们视野埋下伏笔。截至2021年12月15日，名称中含“元宇宙”的商标申请量已经达到7700多条，覆盖衣食住行各个领域。目前，已有多家餐饮企业将触手伸向元宇宙，其诞生使餐饮业面临着更多的机遇与挑战。

元宇宙概念初落地，餐饮入局新纪元。从国外奢侈品牌Burberry和巴黎世家分别与游戏公司联名，率先推出可购买的限量NFT角色和装扮，到国内奈雪的茶推出虚拟偶像NAYUKI并以NFT盲盒的形式线上发售，再到诸多品牌抢注元宇宙商标，元宇宙显然已经影响了众多“嗅觉灵敏”的商业品牌，对营销策略的调整产生了不小影响。

王老吉关联公司广州白云山医药集团股份有限公司、山东星蜜可食品饮料有限公司，甚至注册成立不满3个月的酒水品牌“醉过”的所属公司贵州醉过酒业有限公司，都在申请注册品牌元宇宙商标。麦当劳也将其McCafe品牌纳入了元宇宙商标申请，该品牌将提供在线实际和虚拟音乐会以及其他虚拟活动服务。

在元宇宙赛道上，作为行业领先的生态建设者，欧易继续保持着行业领先地位，在近期不断抢先汇聚了市场上的热门元宇宙项目，成为较早挖掘元宇宙价值的平台之一。

元宇宙能否让餐饮业脱胎换骨？自新冠疫情暴发以来，线下零售面临着前所未有的挑战，餐饮业更是首当其冲。虽然，有不少企业早早进行了数字化转型，并且伴随着新消费时代来临，资本也开始关注国内餐饮行业的发展，但面对互联网平台的巨大流量优势，从整体而言餐饮行业始终处于相对的劣势。

首先是入驻互联网平台费用高企。饿了么、美团这样的餐饮平台入驻费和佣金，消耗着餐饮企业本就岌岌可危的利润。

其次，对于通过大众点评等餐饮平台来到餐厅消费的用户，餐饮企业很难进行后续的运营动作。虽然有不少餐企通过开发小程序来留住用户，但现实问题是小程序有限的产品体验始终比不过拥有海量信息的平台。

目前，大部分餐饮企业获取用户关注度的手段，仍然是依靠传统的大众媒体或者互联网广告平台。但由于餐饮属于高频次、低客单价的消费，随意性较强，再大的投放也很难勾勒出消费者完整的消费过程，广告投放的效率总体低于其他行业。在元宇宙餐厅，一方面，用户可能会因为虚拟世界里的一则美食广告或一个视频、一张图片而激发食欲，进而下单点餐。这个过程，由于完全发生在线上，因而能够被大数据平台后的企业捕捉、分析。

另一方面，元宇宙餐厅还能为用户定制他们想象出来的餐品、用餐环境，所有这些数据，都可以支持餐饮企业更好地运营用户，提高复购率。

在技术层面，对食物的全过程数字化模拟也已经进入实验阶段。日本明治大学的科学家在2021年开发了一款可以远程再现食物味道的系统。这套系统可以模拟甜酸苦辣咸等多种口味，还能部分模拟食物的触感。不用真吃，就能听到咀嚼食物的声音，感受到食物的味道，这样的情形或许将在不远的未来，从科幻电影走入现实生活。

在当前背景下，餐饮业“探路”元宇宙，是开发空白地带的崭新尝试。因元宇宙而起的具有全新概念的主题餐厅、虚拟服务和营销方式等，为传统的餐厅运营带来了全新的思维方式，为注重多元社交、沉浸体验的新时代消费者提供了新选择，这个具有无限潜力的发展空间，初探之时便足以令公众期待。但要“进军”元宇宙，目前的技术还不能支持虚拟与现实的完全融合，在未来很长一段时间内，餐饮业的发展目标还是落足于“创造线下的沉浸式体验”，不应盲目跟风。

2022年伊始，欧易就在一众交易所中率先布局元宇宙，可以预见，国内最有影响力最坚挺的欧易又站到了新的起点上，也期望欧易能在元宇宙赛道上续写新传奇。

西安SKP-S于2021年12月12日正式对外开放，利用沉浸式零售空间，将“从火星到重返地球的‘重生之旅’”娓娓道来，为消费者编织了一个绮丽梦幻的奇观世界。

在西安SKP-S中，起源于大热国漫《一人之下》的“壹观·一人之下”主题餐厅以“国漫、国潮、国风”为品牌之魂，打造了集科技、玄奇、梦幻于一体的IP

餐饮新潮流。身着宇航服的熊猫在门口迎客、餐桌上是虚拟投影的动漫世界、餐厅内变幻莫测的灯光……无不令人感到身处奇境。

对于餐饮业探路元宇宙的风潮，业界存在着多种声音。中国食品产业分析师朱丹蓬认为，餐饮企业入局元宇宙其实就是蹭热点，只是博取流量的手段。西安秦商会会长朱林则认为，元宇宙和休闲类餐饮业的结合可能成为一种趋势，元宇宙在概念落地中优化了消费场景，优化了餐厅价值体系，从而能够拓展利润空间，这种经营模式可能会很快盛行起来。

在众多营销案例中，元宇宙似乎更像通过营销在消费者心中留下深刻印象的一种手段，而产品质量、卫生安全这些实际问题时常被经营者忽略。

西安交通大学教授梁钧建议，餐饮业工作的重点还是应该在餐饮质量、食材安全等方面上，通过元宇宙构建起经营者与顾客信息沟通的桥梁是锦上添花，而不是主攻方向。虚拟与现实在当今时代仍存在不小的距离，带着匠心与初心才是立足于市场的根本。

（二）冬奥会开幕式里藏着"元宇宙"

2022年北京冬奥会上的"黑科技"点燃全场，引爆朋友圈，看过的人无不为之惊叹。一时间对于北京冬奥会"黑科技"的讨论不绝于耳，但是你是否观察到了其中满满的元宇宙元素呢！

XR即扩展现实，是VR（虚拟现实）、AR（增强现实）、MR（混合现实）的合称。通过可穿戴设备和计算机技术，XR可为受众带来真实与虚拟结合、人机交互的环境。虽然元宇宙目前没有统一定义，但是在许多描述中，VR/AR技术是元宇宙的重要元素，被视为通往元宇宙的关键入口。阿里达摩院XR实验室负责人谭平就曾称，元宇宙就是AR、VR眼镜上的整个互联网。

这届冬奥会不仅是一场"运动盛会"，更是一场"科技盛宴"。单是为打造开幕式，总导演张艺谋及主创团队，就多次考量，最后综合运用了人工智能、5G、AR、裸眼3D、数字孪生等多项"黑科技"，让人眼花缭乱。但是惊喜大餐还在后面，除了开幕式，就连正在进行着比赛的冬奥会赛场上，"黑科技"身影更是一点不少，无处不在。

据不完全统计，仅仅参与冬奥会的中国科技公司就超过50家，主要涉及场馆建设、技术支持、保障服务等核心环节。然而在众多公司中，有一家少有人注意，但与张艺谋的关系却非同寻常。这家公司虽然名不见经传，但却地地道道的是一家“元宇宙”公司，就是北京当红齐天国际文化科技发展集团有限公司（以下简称“当红齐天”）。本届冬奥会运动员娱乐及健身中心内的各种VR设备，如VR电竞产品、XR滑雪模拟器、“蛟龙”号载人深海模拟体验器等，均由该公司提供。

当红齐天是早期在VR/AR赛道布局的一家创业公司。据官网介绍，当红齐天成立于2015年，是一家集“XR内容制作+载具研发+数字运营整体解决方案及产品落地”于一体，致力于创造沉浸式体验的文化科技公司，公司法定代表人及创始人为齐笑。当红齐天的业务主要以线下XR场馆为主。截至目前，当红齐天已经在北京、上海、澳门等全国12个城市成功落地了线下XR主题乐园，包括北京首钢“1号高炉”SoReal 5G XR超体空间、上海迪士尼小镇SoReal 5G XR超体空间等。

北京首钢“1号高炉”SoReal 5G XR超体空间

2019年，当红齐天与英特尔签署了战略合作备忘录，面向东京奥运会、北京冬奥会和巴黎奥运会，共同研发基于5G的VR/AR内容解决方案，为奥运运动员提供基于VR/AR的训练及体验。

在今年的北京冬奥会上，当红齐天就带着自己的元宇宙技术及产品，即5G+XR智能体育产品，进驻了冬奥村的运动员娱乐及健身中心。这些产品主要涉及智能体育、中国航天、中国深潜领域。国际奥委会主席巴赫访问奥运村的时候，就曾体验了一把“神舟”号VR飞船模拟器。美国冰壶运动员克里斯托弗，也曾在社交媒体发布了一段视频，分享自己体验VR产品的经历。

不难看出，在XR（VR）技术探索和商业化上，当红齐天已经有了较为深厚的沉淀。如今元宇宙浪潮席卷全球，因为在XR（VR）技术上的积累，无论是自身宣传还是外界评价，现在的当红齐天，都被视作是一家“元宇宙公司”。

参与北京冬奥会的“元宇宙公司”，不止当红齐天一家。作为冬奥会新晋顶流，“冰墩墩”在全球范围走红，线上线下“一墩难求”，相关概念股备受追捧。

其中，元隆雅图作为A股唯一一家生产冰墩墩、雪容融毛绒玩具的上市公司，自虎年开市以来，已连续收获5个涨停板。截至2022年2月16日收盘，其总市值已达60.78亿元，市值增加约20亿元。

但少有人知的是，主营礼赠品业务的元隆雅图还进军了元宇宙领域。2021年12月27日，元隆雅图成立全资子公司“元隆宇宙数字技术上海有限公司”（以下简称：元隆宇宙）。

三天后，元隆雅图向外界确认，已经成为中国移动通信联合会元宇宙产业委员会的成员，并且正在积极探索元宇宙在礼赠品领域的商业化路径。明确方向后，元隆雅图的行动速度也很快。2022年1月4日，元隆宇宙联合数字绘画艺术家刘明，发布名为《神兽和五常》的NFT数字藏品。据称是打通线上与线下，将NFT数字藏品与五粮液文化酒实物有机结合的试水。交易平台介绍显示，购买数字藏品将有机会获得五粮液文化酒。

除了数字藏品，作为元宇宙重要应用领域之一的虚拟人同样备受关注。本届冬奥期间，虚拟人也走到了台前。

2022年2月2日，在北京举办的“相约北京”奥林匹克文化节开幕式上，虚拟人“洛天依”登上舞台，以一首歌曲*Time to shine*受到关注，它也是第一位登上奥运舞台的中国虚拟歌手。2月4日，央视新闻联合百度智能云打造的首个AI手语主播，开启冬奥会播报之旅。这位虚拟人主播，身着白色西服裙装，一头清爽干练的短发，让不少网友感叹：“满屏亲切感，真人播报效果拉满。”

除了AI手语主播，气象服务虚拟人“冯小殊”也在《中国天气》节目中为参赛选手和观众实时播报气象指数。据了解，“冯小殊”是由中国气象局联合微软旗下的小冰公司共同打造。小冰公司以中国气象频道主持人冯殊为原型，利用数字孪生虚拟人技术，打造了一个可以模仿冯殊语音、语调和口型的虚拟气象主持人“冯小殊”。在冬奥会开幕前10天，“冯小殊”就已经“持证上岗”了，甚至连本尊也在社交平台，介绍了他的这位AI小兄弟。

虚拟气象主持人“冯小殊”

运动员拿奖背后，“虚拟人教练”同样功不可没。例如此次自由式滑雪女子空中技巧金牌获得者徐梦桃，背后就有一位名为“观君”的教练。

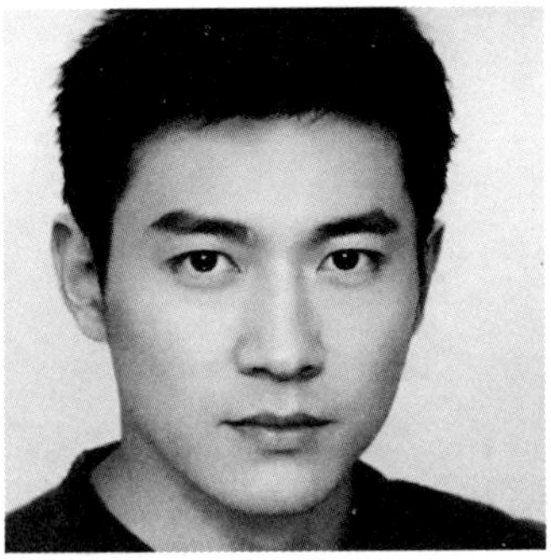

“观君”教练

“观君”是小冰公司研发的人工智能裁判与教练系统。在此之前，他已经秘密参与到空中技巧项目的辅助训练近三年之久。

他为中国自由式滑雪女子空中技巧队每位队员，都建立了专属运动档案，通过图像识别和实时数据分析，追溯每一跳的动作细节，为运动员及教练员提供指导依据，辅助制定科学训练计划。从场内到场外，虚拟人已经渗透到了冬奥会的多个环节，可以说是国内虚拟人产业近几年发展成果的集中展示。

被元宇宙带火的虚拟人，已经逐渐成为资本下一个出击的对象。相关数据显示，2021年，国内新增的虚拟人相关企业超6万家。投资领域前景更是一片光明，2022年开年还不到一个月，虚拟人领域融资事件就已接近百起，融资金额达4.11亿元。元宇宙所涉及的领域包罗万象，除了上文提到的XR（VR）技术、数字藏品、虚拟人等，文章开头提到的人工智能、裸眼3D、5G等技术，均是推动元宇宙发展的重要因素。

（三）元宇宙元年，虚拟主播早已融入生活

虚拟主播并不是什么新的概念，很多年前，初音未来、洛天依等主播就已经在二次元圈子成为“顶流”。2021年，在元宇宙概念下，虚拟主播/虚拟角色更是如雨后春笋般出现。

柳夜熙，一个活跃在短视频平台的虚拟美妆博主，仅靠两部作品，10余天就收获500多万粉丝；在B站，甚至有专门的虚拟主播分区，活跃着嘉然、乃琳、七海、阿梓等大批人气角色。

虚拟学生华智冰正式亮相并进入清华大学计算机科学与技术系知识工程实验室学习，后续，华智冰还将继续在人工智能领域深造，成为一个知识丰富，并且可以和人类进行良好交互的智能“人类”。

清华大学虚拟学生华智冰

2021年11月，央视新闻AI手语主播正式亮相，湖南卫视的主持人“小漾”、济南电视台主持人“小沫儿”……越来越多的电视台启用虚拟主持人。

央视新闻AI手语主播

这些虚拟主播不光有人类的声音，还可以模仿真人肢体动作，甚至是眼神等仪态。而其背后的开发团队，在建立角色后还要经过大量的调试，以满足不同场景的需求，让虚拟人能够更接近于真人。

一直深耕人工智能技术的科大讯飞，早在2018年就与央视合作打造了第一个虚拟主播“康晓辉”。近几年，小晴、小璇、一峰等多名具有独立性格、声线、肢体语言的虚拟主播相继上线，并且可以根据需要切换身份、着装、仪态动作等。与央视新闻联手打造的记者通通、虚拟主播纪小萌，以及和人民日报联合推出的虚拟主播果果，早已在各自的岗位参与了采访、报道等工作。

早期的虚拟主播一般都是通过新闻节目主持人的身份和大家见面，甚至一度被怀疑是采集人脸数据之后，再加上人类自己录音，就成了“主播”。随着技术的升级，智能交互技术早已经不是印象中的样子了。现在的AI虚拟主播一般都能够自行学习，并且可以通过语音、文字反馈等方式和用户进行交互。

2021年11月，中国网络媒体论坛新技术新应用新业态展示会上，中央广播电视总台记者在现场和AI手语主播进行了现场交流，沟通完全无障碍，AI主播可以流畅、准确地做出反馈。

2021年3月份全国“两会”期间，科大讯飞联合央视网，让虚拟人爱加陪民众一起关注直播，随时回答用户的提问。值得一提的是，用户可以通过文字、语音等方式进行提问，爱加都能听懂并且正确回答，互动效果和真人几乎无异。

这样的交互显然和电商平台的“智能客服”有很大区别。智能客服一般是将用户的文字消息和后台数据库中的关键词进行匹配，进行一些简单的订单查询和问题反馈，回答比较固定，而且也没有“人情味”。

但是科大讯飞的虚拟人交互平台，在提供海量“问答库”的同时，创新性地加入了语义理解技术，让虚拟人可以结合对话语境，进行自然语言交流——就像和真人对话一样，虚拟人能够真正听懂对话，并且给出精准答案。为此，科大讯飞还利用这套技术，打造了一套AI智能交互一体机，不光有传统触屏的操作体验，她还能和用户进行语言沟通，在商圈、机场、智慧社区、金融机构等场合提供针对性的服务。

从“纸片人”到全能主播。其实只要关键词设置得够多，电商平台的“虚拟客服”也能够满足基本的沟通需求。类似的例子还有很多年前的QQ聊天机器人，虽然对话不是那么流畅，但已经能够进行最基本的沟通了。

经过多年发展，虚拟人已经具备了学习能力，具备各种相关知识的同时，还能做到得体、大方，使用自然语言和用户沟通，而不是生硬的模板式回答。光是能说会道，显然还不能满足“接近于真人”的需求，因为人类都是有情绪的，而情绪最好的表达就是表情。

作为人类进入元宇宙的“引路者”，虚拟人在今年可以说迎来了突飞猛进的变革。在未来，虚拟和现实的边界将会变得越来越模糊，虚拟人可以出现在手机、电视、VR等任何介质中，甚至包括全息投影。

可以预想的是，虚拟人将会更加深入我们的生活，未来，算力和网络通信速度还会进一步提升，虚拟人将有无限可能。我们会在更多的地方看到虚拟人，而他们也将我们真正带入元宇宙的世界。

六、医疗产业

元宇宙发展所带动的经济和商业模式变革，将为相关行业带来新的市场增长空间。

2022年3月2日毕马威最新发布的《初探元宇宙》报告称，虽然目前元宇宙技术仍处于早期，但一旦落地，将对诸多行业带来深远影响。接下来，元宇宙在金融、娱乐、社交、零售、制造业、医疗、远程办公、教育培训、研发、城市治理等10个场景的应用，尤其值得期待。

报告指出，元宇宙在社交方面将进一步打破线上与线下的界限；在零售端有望为消费者提供全新的购物场景，带来新的市场增长空间；在制造业可以推动产业的智慧化升级；在医疗行业，可以在病理研究、诊断、远程医疗、病人护理和监控等领域发挥作用等。

毕马威中国通信、媒体及科技行业主管合伙人陈俭德表示，当前时点元宇宙获得广泛关注，既得益于技术、硬件发展，抗疫加速企业数字化转型，也提供了契机。不过，毕马威中国首席经济学家康勇强调，元宇宙的发展，仍需关注隐私与数据安全等挑战。

（一）元宇宙门诊

现在的医疗过程，大家已经很熟悉了。在国外，看病时先去家庭医生那里，家庭医生决定是他（她）看诊，还是转诊去医院。国内大多数情况是直接去医院，门诊挂号后分诊去专科医生诊室问诊、检查，再决定是住院还是门诊治疗。

对于急诊，国内外差不多，打急救电话，急救医护（欧美的急救人员并不是医护人员，是拿资格证的急救员）现场处理后，由急救车送至医院。

而在“元宇宙”中，我们看病可能都不需要去医院，患者的虚拟分身可以出现在医院的门诊，替患者完成排队挂号和看诊，医生问诊的是患者的分身，检查的也是分身。或者也可以把医生的分身请回家，在家里给患者看病。当然如果需要手术还是要去医院。

有时候我们可能会遇到疑难病例需要请专家教授会诊的情况。这种情况下，可以请专家的分身到当地医院，免去专家的旅途劳顿，无须出差，坐在办公室，由分身查看、问诊、体检患者，通过高级生物传感器/衣，患者的症状、体征以及某些特殊气味都能被专家看到、检查到和闻到，这样专家可以指导当地医师调整治疗方案，加速患者健康恢复。

遇到急救时，也可以请专科医师的分身随急救医护出诊，现场共同参与救治。当然以上情况真发生了的话，相信那时的医疗法律法规也已经做了相应调整。

医疗教育或继续教育也将有相应的变化，教授无须出差，可以坐在办公室做讲座，在全国几十个课堂上可以见到他的分身，而且他还可以同时跟各个课堂上的学员进行即时问答互动，如同在现场面对面一样，这样将加速促进整个医疗行业的教育水平的提升。

戴上耳机和目镜，找到连接终端，就能够以虚拟分身的方式进入由计算机模拟、与真实世界平行的虚拟空间。在增长数字背后，是VR在医疗领域越来越多的应用场景，而网络技术与AI技术等的发展，也让未来在元宇宙中远程看病、远程手术成为了可能。在科技发展如此之快的时代，每一次的技术更迭与突破，都让我们与“新世界”离得更近一点。

（二）虚拟实景医疗培训

医疗培训增强教学：使用虚拟实景来培训医务人员，VR/AR可穿戴设备可以提供患者疾病的360°视图，通过加强教学进行学习和临床训练，让学习者更有代入感。它可以帮助学习者充分理解从解剖到手术的一切，以便更直观地去学习；还可以让学生在安全的环境下进行临床实践，避免危险，为以后的临床实践做好充分的准备。

让我们想象一下，元宇宙中的伤口世界打造了《伤口师炼成记》的游戏互动学习课程。任何伤口专家、伤口从业人员和医学生通过游戏测试，知道了自己属于伤口师的哪个段位，以这个段位的身份进入元宇宙的伤口世界，通过不断学习，掌握多种沟通语言、相关医学知识、伤口专科的筛、检、诊、治和康复等技术以及各伤口产品性能，在难治伤口和危急重症面前不断碰壁、遭受折磨，经过锲而不舍的努力，终于能够以最好的水平诊治各种最复杂、最危重的伤口及并发症，在元宇宙的学术高峰论坛上，与世界顶级伤口专家“华山论剑”，被世界顶级伤口学术委员会授予伤口界“一代宗师”称号。我们也可以想象一下，这位元宇宙中的“一代宗师”在现实世界中，大概率，也是伤口专业的一位高手。

智能健康管理：通过可穿戴设备，监测身体及社交数据，同时交由人工智能分析，可以提供个性化健康管理方案，同时进行风险识别，预防重大疾病。

虚拟医生和医疗诊断（全息沟通）：元宇宙中，搭建一个虚拟的问诊室，医生和患者可戴上AR设备，通过3D全息术进行面对面交流。这样可以提高手术效率，改善医患关系。

Surgical Theatre就是利用360°VR可视化技术，在术前根据患者数据由内而外地模拟患者结构解剖图，能够清楚展现各个部位，解决了视角盲区，还可将整个手术过程在术前模拟进行，极大地避免各种问题，减少手术时间、并发症的发生率和辐射暴露。在手术前后向患者及家属讲解时，可以用交互式3D图像来说明问题，更好地消除他们的担忧。

（三）手术机器人的远程手术治疗

以达·芬奇为代表的手术机器人，是使用微创方式来协助进行复杂手术的机器人外科手术系统。该系统需要一名以上外科医生在控制台来操纵，常用于前列腺切除术，能在人体深处保留泌尿和性功能神经而广受赞誉。目前，越来越多用于心脏瓣膜修复和妇科、消化道等手术过程。

未来的手术机器人将利用远程感知和操控技术，在3D和4D立体高清视野中进行远程微创手术，再融合人工智能等技术，在元宇宙的世界给医学领域带来新的发展。

（四）居家医疗管理

或许随着元宇宙的发展，在将来的某一天，我们的慢性伤口患者也能在其中获益。

比如糖尿病患者，其伤口治疗过程复杂，且需要几个月甚至几年才能减缓病情，居家管理模式是伤口世界和众多伤口专家所提倡的糖尿病管理模式。但居家管理的前提是，提倡患者已经在医院进行了诊断、治疗和处理。

而在元宇宙中，患者或许可以不用去医院进行诊治便可以进行居家管理了。元宇宙中，通过智能可穿戴设备和脑机接口，患者可以和伤口专家们面对面地沟通，专家们可以直接观察甚至是触摸伤口；诊断过程中，通过虚拟现实模拟出患者血管模型，检查下肢血管病变和周围神经病变的情况；在居家管理过程中，专家们可以对患者及家属进行手把手的换药指导，并可以更直观检查患者的康复情况。

当然，不仅仅是糖尿病，还有下肢静脉溃疡、压疮、造口等，都可以在元宇宙中进行诊断、处理以及复诊。这对慢性伤口患者来说，是一个非常值得期待的未来……

（五）模拟手术避免意外

李医生近日接诊了一位病人，情况很糟糕，已经多年不见这类病患了。电子病例显示，这位病人早已不舒服，不知为何，动态监测数据报警了很久，都没有进行有效治疗，直至保险公司提示再不就医就取消病患的保险赔付，这才远程求助医院。

李医生简单检查后，将病患的生命体征与健康状态以及其他反应机体的信息进行镜像映射，构建了一个全息数字人。信息显示，需要尽快进行手术。于是，李医生立刻在医疗反馈与交互平台针对全息数字人进行高精度虚拟模拟手术，以便提前熟悉情况。

与此同时，病患已经前往医院，没多一会儿，就躺在了手术台上，幸好提前进行了模拟手术，避免了手术中可能出现的意外，手术非常顺利。

很快，患者好转，转至康复科。康复科医生为患者制定了一套全面的康复方案，包括理疗、运动、饮食，一个月后动态监测数据显示，患者已处于完全健康状态。

（六）医疗融入元宇宙的现实意义

在医疗高速发展的今天，元宇宙与医疗的结合无疑又是一次史无前例的突破，医疗水平有了极大提高，但背后的意义不仅仅于此。

虽然医疗科技一直在进步，医疗模式也不断完善，但地区之间医疗资源不平衡、不合理是一个无法调和的难题。有些地区医疗资源存在过剩，利用不合理，而有些地区医疗资源落后且紧缺。或许，元宇宙的融入可以在一定程度上破此困局，使医疗资源分配和利用较为平衡、合理。

目前来说，元宇宙医疗概念刚刚在起步阶段，概念炒作可能大于实际应用，用智能医学来形容可能更加准确。元宇宙医学的场景运用也面临很多需要解决的难题。未来的元宇宙医疗并不会止步于此，脑机接口、人工智能、体感设备等技术还有很大发展空间，元宇宙医疗还有很长的路要走。

（七）元宇宙＋医疗的困难和隐患

1. 医院马太效应加剧

对于医院来说，没有地域屏障，患者可能争相涌向一些名气大、实力强的医院，名气、实力稍弱的医院，会出现患者数量骤减的情况，这种情况会产生“马太效应”。医院如果持续亏损，最后只有两种结果，被有扩张需求的大医院兼并或缩量甚至倒闭。

2.新的医患矛盾

元宇宙+医疗的法规制度很难一步完成，当前在互联网医疗出现的问题，也极有可能出现在元宇宙+医疗中，竞价医疗广告、真假难辨的神医、神药等诸多问题都可能换壳重生。

3.敏感数据保密

元宇宙+医疗将人的各项生理指标数据化，在互联网上进行传输，这其中不免有一些敏感数据，而这种信息的泄漏，可能会造成一些严重后果。

一直以来，医疗是一个传统而保守的行业，但是医学研究者们对于医疗与科技创新行业的探索并没有停下脚步，并将最前沿的科学技术应用到医疗领域。从应用场景来看，医疗纳入元宇宙未来可期，但同时我们要明白，元宇宙在医疗领域的一切运用都只是为了赋能，而不是取代真正的临床、医生决策、医患关系。

目前，元宇宙还处在初步探索的阶段，实际要走的路比想象中长。元宇宙+医疗的发展过程少不了诸多质疑，这些质疑会矫正它的前进方向或阻碍其发展进程，这是无法回避的问题。只有医疗发展到一定程度，融入元宇宙才有意义，而现在除了技术远未成熟的风险，元宇宙还存在很多其他风险，要清楚这一天的到来不会一蹴而就。

（八）远程医疗实现与时间赛跑

在元宇宙中，全球的医生身份是一个体系，服务标准遵循一套协议，服务完成的支付也是互认的货币协议，能够快速处理全球性的远程医疗。远程医疗将使患者得到很大便利，节约时间的同时能够第一时间获得医疗援助，并使医生突破地域限制实现异地诊断和联合诊断医疗，使看病问诊变得更加高效。

信息速递

青岛大学附属医院的远程重症会诊中心内，重症医学科主任邢金燕教授，正一面目不转睛地通过迈瑞医疗“瑞智联”平台，查看2000公里外贵州安顺西秀区人民医院ICU医生的实时诊察视频，对一位每日酗酒，既往丙肝，有吸毒史，在路边昏迷不知多久才被发现紧急送进医院的患者进行检查与治疗。“请您抬一下手。”“请医生检查一下下肢病理征。”“给患者吸一下痰，看看这种刺激下他有什么反应”一步一步有序地为患者展开针对性检查。

面对如此复杂而棘手的病例，过去贵州安顺市西秀区人民医院只能迅速转运其至上级医院。而如今，无须转诊，依托迈瑞医疗“瑞智联”解决方案打造的远程ICU平台，便能与上级帮扶医院（青岛大学附属医院）专家远程联合会诊，检测患者实时心率、血压、呼吸机参数、用药等监测数据，与屏幕那端的医生交流，检查治疗。

基于远程ICU平台创建重症专科医联体，作为新兴学科，重症医学科存在发展不平衡的现状。

一是专业需求与专业人员数量间的不平衡。随着现代医学的发展，重症医学科作为平台学科，发挥着越来越重要的作用，这也意味着愈来愈高的从业标准与素质要求。而想要培养一位优秀的重症医生，需要长周期的培养。

二是区域ICU发展存在不平衡，甚至同一地区的不同医院间，因为历史、经济、学科建设等多种原因，技术开展和诊疗水平也存在着较大差距。

如青岛大学附属医院作为东部沿海发达地区的三甲医院和医学院教学医院，掌握并具备最新技术和设备，重症医学科总体水平处国内前列，拥有高水平医疗团队和完善的技术培训体系。在5G技术的帮助下，能够打通地域、人员、交通屏障，让优质医疗资源和对口帮扶地实现更便捷对接。

迈瑞医疗推出了“瑞智联”IT解决方案、“瑞影云++”影像云服务平台以及“迈瑞智检”实验室IT解决方案，这三大解决方案共同构成了迈瑞医疗智慧诊疗解决方案的“三瑞”生态。

其中，“瑞智联”能够整合多种床旁数据，打破跨科室信息壁垒，让医疗人员完成智慧、精准、高效的临床信息处理，实现医疗数据的全生命周期管理和利用。

此次正是依托迈瑞“瑞智联”解决方案，在医院与医院信息网络互联互通的大背景下，全面整合监护与呼吸机、输注泵、超声等床旁设备的信息数据，青大附院得以实现患者床旁生命体征监测数据以及呼吸机、输液泵等支持、治疗数据的实时传输，实现医院间更加紧密、有效的远程医疗协作，为专家团队跨空间诊疗、改善医疗资源分布不均等提供了更多可能，也为推动基层医院全面提升医疗水平带来了更多机遇。

聚焦技术经验“培植”推动医联体同质发展。“通过高频的远程探讨交流与帮扶指导，远程ICU平台的医疗协作，发挥的不仅仅是个体病例的评估诊断与方案的指导实施。将青医强大的团队智慧与专家经验培植到基层，并在持续的传输灌溉中，扎根基层，茁壮成长，开花结果。

远程ICU平台的构建，将有效实现医联体紧密互联和多中心临床研究，搭建起医联体内更高水平的重症发展平台。实际上，远程ICU平台的搭建，与智慧医疗的发展有着密不可分的关系。

除了“瑞智联”以外，迈瑞医疗近年来在智慧医疗领域也有其他布局，比如“瑞影云++”影像云服务平台、“迈瑞智检”实验室IT解决方案。

“瑞影云++”依托iSync实时会诊和u-Link移动会诊技术，可以全面满足超声远程质控、教学培训、远程会诊以及研讨社区等智慧医疗场景，在全国抗疫、援助边远地区基层医疗等方面做出了重要贡献。

“迈瑞智检”实验室则让检验全流程数据化。通过平台化运行体系，实现便捷、高效、立体、全面的精细化管理，进而打破信息孤岛，减少手工操作，实现实验室的信息化改造。

“瑞智联”、“瑞影云++”、“迈瑞智检”实验室，三者共同组成了迈瑞医疗智慧医疗解决方案的“三瑞”生态，其逻辑是打通各诊室各医院的壁垒，实现医疗互联互通，让数据得到整合、流动、沉淀，进而释放专业人员和海量医疗数据的价值。

在与时间赛跑，与死神抗争的生命救治中，由迈瑞提供技术支持的远程ICU平台将青岛大学附属医院与医联体专科联盟成员医院紧密相联，让丰富的临床经验、珍贵的专家资源得到下沉，让专业技能、先进理念，真正的“落壤”基层，从根源上提升基层医生的专业素质与能力，逐步缩小重症医疗的区域性差异，推动医联体之间同质化发展，为走向健康中国2030贡献一份力量。（来源：网易新闻）

第五章

元宇宙下的消费体验

一、VR购物

VR，全称Virtual Reality，即虚拟现实。VR是一套欺骗人类大脑和感知的系统。比如当你带上VR眼镜后，环顾四周，你会发现画面会根据你的移动而变化，感觉就像来到一个全新的世界一样，这就是最笼统的VR定义。

虚拟现实（VR）技术主要包括模拟环境、感知、自然技能和传感设备等方面。模拟环境是由计算机生成的、实时动态的三维立体逼真图像。感知是指理想的VR应该具有一切人所具有的感知。除计算机图形技术所生成的视觉感知外，还有听觉、触觉、力觉、运动等感知，甚至还包括嗅觉和味觉等，也称为多感知。

然而，要做到“身临其境”可是相当不容易。我们的大脑是如此聪明，以至于要完全骗过它，几乎成为不可能的任务。这也是VR技术诞生30年后的今天，才正式踏上普及之路的原因。

2016年，淘宝Buy+的购物新形式可谓是引领了电商营销发展的新趋势，通过VR技术100%对真实场景进行1：1的还原，利用计算机图形系统和辅助传感器，生成可交互的三维购物环境。Buy+的出现，打破了时间和空间上的限制，真正实现了“逛街”的概念。这样不仅提高了商品的购买率和高转化率，同时也降低了退货率。

所谓的“VR全景购”，其实就是一种全新的购物模式，是对购物实现的一种线上体验和尝试。简单来讲，就是以一张3D图片的形式，让远在千里的客商通过打开电脑或者手机，就可以360°全方位浏览实体商铺，可以清楚看到商铺的每个角落，查看任一款商品的价格，并随时进行在线交易。在线上体验到沉浸式的购物，并乐在其中。

“VR全景购”是一种全新的内容营销模式，通过新技术，可以使得商品营销实现真正的落地。很多商家已经打通了移动端、PC端、VR端，进行全端口展示。同时，商家还着手于VR线下的购物营销体验，将全景模式下放到VR体验厅和VR眼镜，对客户进行精准推送。数据显示，超过80%的人认为通过VR端口有利于商品的促销，其中以家居家电类为主。商家还将通过对VR平台大量商品的导入，并和房地产进行有效的合作，使得潜在的有购房需求的客户可以通过全景购的模式，真正实现消费落地。

如今的VR虚拟现实技术已经广为人知，以VR虚拟现实技术为基础的全景智慧城市，专注于提供360度全景展示与推广的全景智慧城市，已经帮助许多实体商家创造了销售奇迹。

前景：大势所趋互联网+时代，VR虚拟现实技术的应用更是势不可当。全景智慧城市平台创新、开放，顺势而为。

模式：全景智慧城市打造VR+O2O+社交的新型商业模式，多元化的盈利模式促进商业模式的不断优化。

VR与电商结合

电子商务是脱胎于传统业务的在线交易，并随着互联网的高速发展成为当下主流的购物模式。然而不管是PC时代还是移动互联网时代，抑或是所谓的物联网时代，用户与商品的交互并未发生本质的变化——依然停留在文字+图片+视频的阶段。

VR提供了这样变革的机会，2016年1月14日，高盛发布报告展望VR产业前景，认为VR设备将成为继电脑、手机之后的下一个计算平台。以Facebook旗下的Oculus、索尼的Playstation、HTC Vive为代表的C端硬件开始发售，极大刺激了整个VR市场的快速发展，用户、开发者、内容平台等也开始活跃起来。

基于VR的电商业务，利用计算机构成一个全新的虚拟环境，通过各种传感设备使用户沉浸在该环境中，让虚拟的网上商品和用户之间实现感知交互，让原本呆板的商品展示变得可触可碰，这对改善用户体验、提升店铺（电商平台）销量意义重大。

各大电商平台当然也不会放弃这个机会。2016年3月，阿里巴巴率先宣布成立VR（虚拟现实）实验室，并首次对外透露集团VR战略，将电商与VR的结合放在优先位置，同时阿里侧重于以平台化的方式，同步推动VR内容培育和硬件孵化。2016年7月，该实验室研发的“Buy+”虚拟现实购物体验产品在淘宝造物节上向公众开放。

互联网+时代，一般的图片、文字信息已经无法满足人们对互联网的需求，虚拟现实、身临其境的体验是发展趋势，尤其是VR逛街、购物，更会深入人心，再次改变人们的生活方式，掀起新一代的实体线上虚拟现实的浪潮。

“全景智慧城市”以互联网和VR虚拟现实技术为基础，打造中国首家VR在线逛街平台，开放创新、技术支持、业务指导以及不可阻挡的行业发展趋势，为商家与客户展示了一个虚拟现实的消费购物平台。消费者通过全景智慧城市平台，可以达到与现实逛街无二致的效果，囊括房地产、旅游、吃喝玩乐等产业，是未来的一大主流趋势。

收益：完整盈利模式，平台交易流水、佣金提成、广告收益多种盈利渠道运行，全景智慧城市平台迅速发展将让代理商实现和总部共同增值。

继2016年淘宝推出“Buy+”购物新模式后，京东、亚马逊等知名电商集团也在相继研发并推出VR购物的新模式。在增强购物真实感的同时，还可以通过技术的支持，体验到实体店没有的体验和惊喜，可以真正实现24小时的一站式购物体验。目前，通过VR技术实现线上购物还只是处于初尝试阶段，很多技术还不够完善，但不可忽略的是，“VR全景购”的购物模式，必将成为未来电商发展的新趋势。

2021年被成为元宇宙元年，2016年被业界称为VR元年，VR技术被公认为信息技术发展的下一个“风口”，当前，新一代信息技术已步入加速成长期，移动互联网、云计算、物联网、大数据等信息技术应用广泛，正推动人类社会进入新一轮科技革命和产业变革，VR技术更是集新一代信息技术之大成，是未来众多经济社会创新应用的基础平台。

二、互动体验

（一）“Buy+”带来VR购物新体验

2016年11月1日，淘宝客户端更新了一个新功能，淘宝VR购物“Buy+”

计划上线，阿里巴巴积蓄已久的VR购物终于正式走向消费者，同时也在VR圈内掀起了一阵热潮。2021年7月，淘宝造物节上用HTC Vive展示的Buy+是基于PC端的3D建模虚拟购物场景，更偏向于探究极致体验且对硬件设备要求较高。

"Buy+"是2016年4月1日阿里巴巴推出的全新购物方式理念，2016年初阿里宣传成立GM Lab（GnomeMagic Lab）为代号的VR实验室，实验室主要通过VR技术的运用，联合商家建立3D商品库，全面提升用户购物体验。

"Buy+"作为一种全新购物方式，是使用Virtual Reality（虚拟现实）技术，利用计算机图形系统和辅助传感器，生成可交互的三维购物环境。"Buy+"利用TMC三维动作捕捉技术捕捉消费者的动作并触发虚拟环境的反馈，最终实现虚拟现实中的互动。简单来说，你可以直接与虚拟世界中的人和物进行交互。甚至将现实生活中的场景虚拟化，成为一个可以互动的商品。

（二）VR购物场景是"Buy+"优化体验的关键

任何淘宝用户，都可以从淘宝最新客户端的必备工具中，直接进入"Buy+"功能页面，进入后，将会经历短暂的功能加载过程。

"Buy+"加载成功后，马赛克网格会逐渐崩解，呈现出完整的VR样板间。

场景中会提示用户点击墙壁上动态图片进入对应的购物场景，而墙面上有

7个景点照片和1只偷瞄你的天猫，这些就是目前“Buy+”拥有的所有的目的地了。目前已开放的购物场景包括美国的Macy’s梅西百货、COSTCO好市多百货、Target塔吉特百货，日本的Supature松本清药妆店、Tokyo Otaku Mode周边专卖店，澳洲的Chemist Warehouse药房、Freedom Food生态农场。购物的方式也同样很便捷，只需要点击货架上商品即可查看商品信息与确认购物订单。

“Buy+”的理念是这一购物方式能够引起用户极大关注的重点，即通过VR技术实现场景体验式购物的感觉。传统的线下购物乐趣在于体验，在货架间巡视那些触手可及商品的那种满足感最能刺激消费欲望，体验效果好但效率并不高。而线上购物最大的特点在于效率，足不出户就可以选购全球上亿种商品，但购物体验上是看图和评论，缺乏真实体验感。

“Buy+”希望从VR这个层面，增强线上购物的体验感：通过货场的全景视频，带你环游世界，通过目的地的全景场景，给你逛街的感觉，通过整体环境氛围的渲染，提升购物的乐趣。这无疑是一次创新性的尝试，尝试构造一个全新的购物场景，在线上融合体验的乐趣以及网购的效率。

三、消费过程情节化

你是否试过走进一家商店，漫无目的把购物车装满，钱就在不经意之间花出去了？当然，我们可能会受到冲动性购买的影响，但建议你重点关注要购买的商品，为什么需要该产品以及该产品能如何为你的生活增添哪些价值。

在买家实际购买之前，心里就已经经历一系列的决策过程，而这正是作为产品营销人员所必须了解的。此决策过程与消费者行为相辅相成。但什么是消费者行为？更重要的是，为什么它既适用于企业，也适用于消费者？

（一）消费者行为的重要性

消费者行为使人们了解购买产品的过程，无论是个人、消费者群体还是组织。

这些行为趋势研究提供了买方决定购买产品或服务时所经历的过程的资讯，以及买方将如何使用和消费产品来满足需求。

研究消费者购买过程可帮助公司实现：消费者差异化、客户留存率、有效行销的设计与实施、预测市场趋势、竞争对手情报、成功创新产品、加强客户服务及保持相关性。

（二）消费者的购买过程

消费者的购买过程也被称为消费者决策过程和购买者渠道，消费者购买过程是指客户在整个客户旅程中所经历的阶段。

消费者购买过程包含五个步骤，且通过每个阶段所花费的复杂性和时间对于每个客户而言都是唯一的。例如，购买新车的消费者可能需要试驾很多不同的车型，对比不同的品牌，阅读汽车评论并在进行购买之前进行彻底研究，或者考虑替代方案。有些人可能将忠诚度献给特定的制造商。重要的是，消费者购买过程的流动性取决于消费者的个人喜好——有时很简单，有时很复杂。

那么，消费者购买都有什么阶段，不同阶段扮演什么角色，以及产品营销人员在每个阶段上都能产生什么影响？

1. 问题识别

问题识别是五个阶段中的第一阶段，通常被认为是消费者购买过程中最重要的一点。毕竟，如何期望消费者为尚未确定的问题投资解决方案？

当视力受损时，我们会购买新的眼镜；如果夏天我们无法在闷热的卧室里睡觉，那么我们会购买空调或者风扇。这里的共同主题是：消费者购买产品来解决问题。无论公司生产的是平板电视，还是带有“最令人印象深刻，最先进的千万像素相机”的手机；作为产品营销商，都需要打入潜在客户的视野，将产品定位为市场上的首选产品，可以解决消费者的问题。

为了推动潜在客户的整个购买过程，就需要研究他们的购买习惯和购买者的行为，并利用日常发现来制作能够与各个角色产生共鸣的消息和交流方式。市场上有大量的营销自动化工具，可在消费者旅程的每个阶段为消费者提供所需的支持。

2. 搜索过程

在购买前阶段，消费者会进行多种搜索：线上的线下的，内部的和外部的，旨在收集各种产品或服务的信息。

不出意外的是，大多数消费者研究都是在网上完成的，因此企业需要确保他们在SEO（搜索引擎优化）上投入足够的时间、精力和资源，以提高在线曝光率和品牌知名度。

但是，消费者不仅会在搜索过程只关注互联网上的信息，口碑仍然被许多人视为是最强大的广告形式；家人和朋友以往的经验或是他们的推荐，往往是说服一个人选择某个品牌的关键因素。

3. 考虑替代方案

在搜索之后，消费者现在将处于一个阶段，他们将在确定投资之前指定一些选择。让我们将经典的跑鞋比较作为一个示例：在这种情况下，客户可能已经研究了几种鞋子的设计，并考虑到诸如缓冲、舒适度和鞋子对脚的保护等因素。

最后当然有价格的因素。当消费者做出购买决定时，他们总是在寻找能够以最优惠的价格获得最佳产品；评估替代方案可以使消费者在做出最终选择之前，断定哪种选择适合他们的需求并解决他们的痛点。

4. 选择阶段

最关键的阶段是找出问题所在，搜索适用的选项，然后在表格上进行对比，现在是时候让消费者决定要购买哪种产品了。假如一切顺利，这将是成功将潜在客户转化为客户的关键阶段。这并不总是一帆风顺的，有多种因素促使消费者将自己的钱花在其他地方。

这可能归因于以下负面评价：客户引导不佳、公司所在地、声誉不佳等。

5. 购后评估

简单说来，这个阶段是客户考虑新投资的用处以及评估其是否满足购买前的预期。如果产品超出预期，则购买者通常会担任品牌的代言人，在这种情况下，他们会向周围的人推销产品并充当潜在客户的影响者。

作为产品营销人员，熟悉客户购买过程的5个步骤至关重要。在最终决定购买的整个过程中，每个阶段都有机会获得新客户，请增强他们的体验并鼓励回头业务。

四、消费体验娱乐化

VR场景购采用VR技术，生成可交互的三维购物环境，整合VR场景、购物、支付、会员等于一体，利用真正的沉浸式购物体验和舒适的空间，让用户在VR场景里，如真实逛商场一般沉浸式购物，360°查看商品。用户能细细地感受商品的材质款式，同时进行交互操作，选中的产品在“现场”购买，坐等送货上门，尤其在购买贵重商品时提供客观依据。当然了，VR场景购还能让用户收获科技感满满的购物体验，以交互式体验为主的VR购物，体验过后很难抗拒它的魅力。

家具是一类比较特殊的产品，消费者在线下家具城购买，虽然可以真实地触摸到产品，更详细地了解产品信息，但比较耗费时间，而且线下商城的空间有限，能够展示的产品也有限；线上购买又担心产品与描述不符，退换货成本过高，或者无法退换货。

为了打消消费者线上购买家具产品的顾虑，宜家推出了一款VR应用——IKEAVR Experience。这款应用支持消费者走进虚拟空间，体验宜家的厨房。在这个过程中，消费者可以在虚拟厨房中四处走动，找到可以打开的抽屉，选择橱柜的颜色，拿起放在炉子上的平底锅等。这款应用可以根据消费者的身高为其提供不同的视角，例如成人视角、儿童视角等，还可以让物品实现瞬间移动。最终，消费者可以根据自己的喜好，结合体验到的产品效果选择产品，并参考设计师的意见，打造自己理想的厨房。这款软件带给消费者一种全新购买家居产品的体验，很好消除了消费者的顾虑，提高了消费者购物的满意度，降低了产品的退货率，实现了双赢。

万豪酒店推出VR明信片，让客人体验智利、卢旺达和北京异域风情的“整体和体验”三维视频。这是如何运作的呢？万豪酒店的客人要求使用三星VR耳机和随附的耳机。该套装可以租借长达24小时。这些设备预装了万豪称为VR明信片的视频。前三张VR明信片在智利的安第斯山脉，卢旺达的冰淇淋店和北京的街道上拍摄。这些提供了用户体验360°3D亲密和沉浸式旅行故事。每个故事都跟随一位真正的旅行者前往一个独特的目的地。观众沉浸在目的地，听取旅行者的个人故事，关于为什么旅行对他很重要。三星VR明信片也可通过Samsung Gear VR高级视频服务向公众开放，通过Samsung Gear VR耳机访问。

五、消费结果精神满足化

从过去几十年的发展实践来看，一旦某个新兴行业呈现出巨大的发展潜力和广阔的发展空间，就会立即吸引大量资本进入，VR购物就是如此。随着消费需求不断升级，驱动商业模式不断创新，快速发展的VR技术可以带给消费者更真实的线上购物体验，备受消费者青睐。于是，在资本的推动下，VR市场迅速崛起，吸引了各行各业的领军企业前来布局。

体验式消费可以提高消费者的购买意愿，“VR+电商”就是一种体验式消费模式，为传统电商行业的转型发展提供了一个新方向。需要注意的是，VR电商只能对部分体验式消费场景进行模拟，无法解决传统电商行业日渐衰颓的问题。VR电商延续了传统电商的模式，只不过提升了商品的服务价值而已。这样一来，传统电商就有了清晰的体验式消费模式升级路线，即以VR电商为代表的线上体验式消费与“线上+线下”的体验式消费相结合，共同推动传统电商转型升级。

第六章

中国元宇宙的发展预测

2021年以来，元宇宙的热度一直在全球持续上升，公众对于该领域的关注度也不断提高。虽然元宇宙世界尚未到来，但与之相关的泡沫、骗局等乱象却频频出现。众所周知，每当一个新行业出现的时候，追逐商机的人们就会纷至沓来。可以发现，目前开设元宇宙培训课程的平台越来越多，其培训内容包括“元宇宙到底是什么”“元宇宙实现的技术方法”“元宇宙社交娱乐”“元宇宙资产炒作”等。

由于元宇宙概念的新颖性，绝大部分公众对该领域的知识都知之甚少，所以此类培训课程充分契合了愿意在元宇宙领域开创一番事业的人们的紧迫需求。但事实上，目前业界对于元宇宙的定义并未明确，相关技术框架也十分模糊，所以部分顶着元宇宙培训师名号的人也未必真的了解这方面的内容，其培训内容也是良莠不齐。盲目跟风学习相关内容的学员很有可能收获寥寥，就更谈不上在元宇宙这个新鲜事物中“大展宏图”了。

一、中国消费文化与元宇宙概念的适配

中国版本的元宇宙更值得期待，原因在于中国文化土壤着眼于扩大人的世界观后，修正价值观进而改变人生观。

我们从中国神话与西方魔法之间的对比来看东西方文化的差异。第一，从目的来看，东方神话追求普度众生之境。而西方魔法追求自我强大。中国传统神话故事中，成功的修真者一般具备高尚的品性，通过修行、行善、度化后成神，然后再去普度众生；而在西方魔法世界中，人们学习魔法的目的是实现自我力量的强大，进而追求毁灭力、杀伤力，将魔法作为一种达到目的的工具。

第二，从身体素质来看，中国神话中的仙或神寿命极长，且会随着修炼等级境界的提升而增长；而西方魔法师的寿命往往较为短暂，有时还需借助其他手段

或宝物，如魔法石。一般认为东方仙术的力量寄居在修习者体内，不能脱离修习者而发挥作用；而西方魔法的力量多来自外界，如借助水晶球、魔杖等道具，魔法修习者本身具备的力量有限。

第三，从精神境界来看，中国神话传统上认为修炼应该是一种生命本质的升华，法力与心境的进步是同步的，是一种感知、思维模式、性情等全方位的进化。中国的神话传说往往富有浪漫主义色彩，它们的产生都是伴随着强烈的民族情绪和时代特征；而西方魔法则大多数追求自我力量的强大，具备强烈的个人英雄主义色彩。

第四，从术式或介质来看，中国神话中的人施放法术以阴阳五行、八股为基本，讲究变化，各种术式没有固定的使用限制。西方魔法一般以风、火、地、水为基本元素，各种魔法术式对应单一的魔法属性，当然不同术式可以排列组合，形成复合型术式，且施法者对介质依赖较强，比如借助魔杖。

综合来看，西方魔法与中国神话相比，前者与后者不在同一个境界层次。中国神话所呈现的是一个完整的宏大世界观，具备完备的体系；而西方魔法更像是现实世界的延伸，或者是说人能力的延伸，并不能独立构成一个体系。中国的庄生晓梦与美国的头号玩家，即是完备体系与能力延伸的故事呈现。

（一）泛娱乐阶段

考虑到元宇宙现阶段的社交属性，元宇宙的初期发展阶段无疑将会和社交应用深度绑定。在该阶段中，元宇宙将会扮演泛娱乐化应用的角色，我们将会看到在元宇宙中的聊天室、演唱会、多人游戏，等等。这类应用除了泛娱乐化属性之外，其交互方式主要依赖于现有的VR设备，进行视觉和听觉层面的单向交互。

在这个阶段中，由于沉浸感的提升，虚拟和现实的边界开始变得模糊，元宇宙所代表的虚拟世界将会对现实世界产生不可忽视的影响。人作为社会动物，社交需求是人的基本需求之一。元宇宙将会给社交提供更丰富的方式和选择，社交不再受到地域、时间、文化等现实要素的制约，虚拟社交将会在与现实社交的竞争中展现出优势。社交行为将会越来越多地在元宇宙中进行，进而可能导致现实关系的疏远。这种趋势会对家庭关系等必须进行面对面交流的关系产生冲击。

除了社交需求，元宇宙的另一个极大的吸引力是“第二人生”。人们在现实社会中势必会遇到不尽如人意的事，元宇宙给用户提供了“第二人生”的体验。这样的“第二人生”常常会提供和现实社会不同的社会规则，以供用户定制化体验。

然而，如同部分展现暴力行为的电子游戏会激发玩家内心的暴力倾向，进而影响其在游戏外的行为一样，更具有沉浸感的元宇宙应用也会进一步模糊虚拟和现实的边界，虚拟环境对用户的影响及对现实社会的影响较之现今的电子游戏将会更加显著。

（二）数字孪生阶段

随着技术的发展，交互方式的增多将会带来更多的可能性。元宇宙将会逐渐扩展边界，摆脱泛娱乐属性的限制。在引入触觉、嗅觉等交互方式之后，用户可以在元宇宙场景中进行更贴近现实的交互操作，进一步增加沉浸感。比如，用户可以在元宇宙中学习一些需要操作技巧的职业技能。又或者在家中体验山中远足，享受在森林中漫步的放松状态，甚至可以感受森林中的清新空气和静谧环境。相较于单纯的视觉模拟，更真实的模拟和沉浸式感受可以让用户在家中体验森林康养，这将在不远的未来成为现实。

在该阶段，计算能力的发展带来了更强大的现实模拟能力，元宇宙将有能力进一步模拟现实世界，从而逐步实现数字孪生。即充分利用物理模型、传感器更新、运行历史等数据，集成多学科、多物理量、多尺度、多概率的仿真过程，在元宇宙中完成映射，从而反映相关实体的全生命周期过程。元宇宙在该阶段将有能力为科研和生产赋能，实现生产力的提升和生产方式的改变。

基于数字孪生阶段带来的生产力的提升和生产方式的改变，元宇宙将会提供更多的虚拟就业机会，将会有相当一部分社会劳动力选择从事元宇宙中的虚拟职业，这将会对现实社会中的劳动力市场产生一定的影响。

（三）虚拟爆发阶段

随着元宇宙的进一步发展，其将不再局限于对现实世界的模拟。在虚拟爆发阶段，元宇宙将会产生独属于虚拟场景的独特应用，这些场景和应用将不再与现实世界有所对应，生产方式也将迎来一轮更大的变革。纯虚构事物的出现也将会通过元宇宙的用户来到现实世界，对现实世界产生影响。当虚拟世界有能力和现实世界走上两个不同方向的时候，将会把世界划分成不同的阵营，虚拟和现实会有各自的拥趸，双方的对立可能会成为现实社会中热烈讨论的话题。

元宇宙世界的诞生基于现实世界，所以元宇宙的出现与发展必然会深刻地反向作用于现实社会，这种影响将是政治、经济、文化等多方面的。政治方面，元宇宙中包含潜在的“国家安全”意义，网络外交的新思路也被进一步发掘，元宇宙的发展将对各国的政治制度产生深远影响。经济方面，未来将会出现越来越多的以数字为载体的产品，数字经济不仅会影响现实社会中公众对虚拟资产的分配，也必然会促进传统经济的转型与变革，进而影响国家总体的经济格局。文化方面，元宇宙的发展将进一步促进全球各地的文化交流，进而促进多元文化的融合发展。对于更广泛的一般用户而言，元宇宙中的奇幻场景相较于当今的互联网空间显得更真实，由于未来元宇宙的高度仿真性，沉迷元宇宙世界的用户很可能无法分辨虚拟世界与真实世界，虚拟世界中的“人物击杀”“从高楼一跃而下”等事件映射到现实生活中将会带来严重的后果，这也是我们必须警惕的一点。

二、中国元宇宙投资蓝海

元宇宙的建设是一项系统性的工程，是多方产业、多业态的协同。本节从较为宏观的角度，在通往元宇宙最终形态的路上，探讨中国企业最契合的发展脉络或受益方向，也是资本的投资洼地——未来潜在收益空间更大。国内也有众多企业在六大版图上各自发力，其中笔者认为真正能够顺应产业和科技发展趋势而实现弯道超车的细分，大概率是与高端制造、智力资源方向相关。

首先，需要洞察全球经济的大格局演变，今天中国创新已经处于不一样的格局。2020年是一个分水岭，人类历史一定程度上是由黑天鹅事件决定的，小概率事件影响很大。2020年的全球新冠疫情加速了诸多产业的进程，使得本来可能是十年后，甚至是二三十年后发生的事情，全部拉近加速了，比如数字化进程、开拓生命科学新前沿、发展可持续能源、全球中心向亚洲转移。

以上四个大趋势正在加速，尤其是中国过去30年的经济高速发展，创造了人类历史上的奇迹，基本上是由开放市场在驱动。那中国的下一个30年由什么驱动？接下来中国的发展主旋律大概率是靠新技术驱动。可以预见的是，中国未来15年内大概率会成为全球GDP第一，原因在于中国社会经济环境，有独特于其他国家的优势。这是历史上最大的一次市场机会。

相较于美国，中国在社交、“TOC”端应用方面优势显著，美团、拼多多、抖音视频直播、京东物流、滴滴出行、共享单车、移动支付等，这些都是特有的中国式创新。

以上中国式创新得益于国家基础设施建设的规模化应用普及。经济繁荣需要扩大教育和生产规模，为此需要进行基础设施建设，道路、桥梁、港口、机场、码头、水利、电力等基础设施到位后，每个人在社会中生存、发展的交易成本就会降低、交易半径就会扩大，生产规模就会扩大，进而经济的规模效应就会出现。

基于以上背景，我们有理由认为，中国式创新还将保持领先，并且有能力输出到国外。中国式创新溢出到北美之外的地域更容易，如东南亚、非洲、拉美等。总体来说，中国今天的大盘面从创新的角度来看有非常独特的机会。

（一）助飞高端制造业

元宇宙离不开现实世界，一个最简单的理解是其能源供应必须来自外部。作为生产要素之一的算力，无法在断电的情况下取得。人类物质生活基本需求也无法被虚拟数字产品替代，仍由元宇宙之外的经济活动提供。人类在基本物质需求得到满足之后，精神需求迅速增长，元宇宙满足了这部分需求，一部分在现实世界无法参与的活动可以参与了，一些无法实现的体验也可以体验到。因此，虚拟数字产品满足的是精神需求，不是物质需求，精神生活无论怎样精彩丰富也无法上升到事关人类生存的高度。

人类物质生活仍主要在元宇宙之外进行。元宇宙是现实世界的延伸和拓展，将使人们获取更加丰富多彩的精神满足，增强人类感知、探索和连接外界的能力。虚拟数字世界是真实物理世界的扩展，是对现实世界的数字化映射，能让人类在数字世界中更有效地完成协作和创新，提升现实世界的公平和效率。它不是另一个平行世界，即后者可能永远无法实现前者的全部功能，更不可能替代前者。虚拟数字空间也不是一个可以自我满足的经济环境，目前尚未出现完全可以在虚拟数字经济圈里独立运营的商业模式。虚拟数字空间的产品创造和交易产生的盈利，仍需要先兑换成法定货币，才能用于满足物质需求。例如，游戏币受限于法律规定，在国内不能直接兑换，元宇宙经济和现实经济的边界并未实际形成，其相互影响也需要进一步观察和研究。

纵观当今世界的国力对比，中国与西方国家之间（主要为美国）的差距正在缩小。从具体的国力指标来看，中美在许多指标上各有胜场。比如在制造业的增加值、商品和服务的总出口量、中等收入群体规模、互联网用户人数、线上经济B2C市场规模、高铁、5G、数字货币技术等方面，中国已经或者正在赶超美国。西方国家也在以下领域领先我国，如品牌消费品、人工智能领域的论文数量和技术水平、药品和化学工程、高级机床和芯片等高科技产品的设计生产能力等。

围绕工业核心竞争力的阶梯状发展来看，除了前文所述的中国式创新，中国未来的创新主干是自主的高端制造或智能制造，笔者梳理了三条逻辑线：一是围绕智能手机或其他可穿戴设备产业链，二是围绕新能源和新能源汽车产业链，三是围绕“国产替代”的高端制造或智能制造行业。

首先，智能手机或其他可穿戴设备为互联网的流量入口，中国要成功构建自己自主的产业链。目前国内已有领先的公司，如华为、小米。

比照Apple产业链，在元宇宙产业方向上，笔者认为XR高端制造的产业链受益确定性最强。目前Apple是全球市值最高的公司。在移动互联网初期，Apple在2007年发布第一代iPhone，正式开启了智能手机时代，成为智能手机的领跑者。智能手机换机潮以及可穿戴设备（耳机、手表）的持续火爆，是Apple业绩大涨与股价持续创新高的主要原因，最终发展成为全球的消费电子龙头。

Apple的崛起很大程度上带动了上下游产业链的快速发展，即这些年围绕Apple产业链的公司受益性非常强。从产业链价值分布来看，Apple系列（iPhone、MacBook、iPad等）一直以来是全球代工的经典产品，即Apple负责产品设计、核心处理器研发、技术监控和市场销售，而大部分的生产、加工环节都以委托生产的方式外包给全球各地的制造商。美国也有很多企业属于Apple产业链，如Apple手机中的摄像头模组、PCB线路板、触控马达、玻璃盖板、精密连接器等都由美国供应商供货。

基于以上逻辑推演，下一个元宇宙时代会带来XR新硬件，就如同智能手机对PC、传统手机的替代一样，新硬件将带来新机会，围绕XR产业方向的高端制造产业链确定性最强。

其次，在汽车产业链领域，有两大变量：一是智能化，二是新能源。欧洲和日本汽车工业走的技术路线是为汽车加智能辅助驾驶系统；美国特斯拉汽车工业走的思路是，汽车作为一个真正能移动的智能设备，属于原生的智能新能源汽车，是多产业完美结合的最高度集成的科技结晶。而中国汽车工业的技术路线是新能源汽车，中国的光伏新能源产业链全球第一，中国的特高压电网产业链也是全球第一。中国的土壤孕育出了宁德时代、比亚迪、北汽新能源等新能源企业。

最后，至于高端制造或智能制造，这是我国未来经济发展的主旋律。2021年7月30日十九届中共中央政治局召开会议，强调了要强化科技创新和产业链供应链韧性，加强基础研究，推动应用研究，开展补链强链专项行动，加快解决“卡脖子”难题，发展“专精特新”中小企业。2021年9月13日，工信部在国新办发布会上表示，中小企业创业创新十分活跃，专业化水平持续提升，已培育4万多家“专精特新”企业、4700多家“专精特新小巨人”企业、近600家制造业单项冠军企业。

2021年下半年以来，高层频繁强调“专精特新”和中小企业，背后的原因在于，中国制造业“大而不强”一直是亟待解决的问题。虽然中国正在主导新能源领域全球产业链，但是在一些更高端的制造领域，比如高级机床、关键基础软件、关键基础材料等，特别是芯片等“卡脖子”的关键技术，中国与欧、美、日、韩的差距还比较大。我国经济发展到当前这个阶段，科技创新既是发展问题，更是生存问题。从工信部的评选标准上看，“专精特新”中小企业主要位于国家重点鼓励发展的重要制造业行业中，从而符合当下的产业投资趋势。

目前我国在高端制造领域的竞争力进步显著，国内的一些企业在某些领域中开始或已经具备了与国际品牌相抗衡的能力，具体体现是国产替代潮已经开启。

所谓“国产替代”，就是以国内生产替代进口，一般指的是国内企业生产的产品对国外企业生产的具有一定科技含量的产品的替代。国产替代大多是发生在具备科技含量的、被国外所垄断的行业，比如芯片、汽车零部件、医疗器械、特种材料等领域，在替代之前国内企业无法生产同类的产品或只能生产低端的、低附加值的产品。高端制造的国产替代正是当下中国经济不可逆转的发展方向和趋势，也是未来几年市场非常重要的投资方向。

（二）赋能科技进步

生产与消费共同构成了中国的经济主干。一方面，要发展高端制造，进行高科技、高附加值的经济活动，则需相应投入高研发，加强基础科研、基础教育，或者加强以工程师资源、知识产权为代表的智力资源积累；另一方面，中国制造的升级也会推动消费服务的升级，进一步扩大内需消费，中国式创新（如直播电商向农村地区进一步下沉和渗透）及中等收入群体的规模的扩大，预计会进一步放大国内消费市场规模。

现阶段，中国在智力资源领域有两大红利优势：一是工程师红利，对应后端基建与核心技术，目前国家政策与资金已进一步到位，预计未来中国相对于美国将有更快的技术进步、产业升级；二是创意红利，对应内容消费端，有望进一步强化中国式创新的优势，最直观的感受是近几年文化自信显著提升。

中国科技发明正呈现繁荣之势。翟东升教授在其所著的《平行与竞争》一书中提到，正是因为中国培育出了全球最大的消费市场，在各个制造业领域逐步完成了资本与技术积累，所以近年来国内的科技发明呈现出繁荣之势：每年国人发表的科研论文数量超过美国，深圳成为全球硬件创新中心，华为等公司名列全球创新企业前列。

互联网革命时代，中国互联网或科技行业的快速发展，也孕育出一些具备国际竞争力的头部企业，吸引了一大批中国顶尖人才留在国内。过去中国地方政府热衷于招商引资，即抢产业资本，但近几年出现了转变，全国各大城市纷纷从抢资本转向抢人，尤其是抢高学历的年轻人。正因如此，最近十多年中国的专利和创新产品才有后来居上之势。

中国经济正迎来工程师红利驱动时代。与此同时，大专院校扩招政策成果显著，国内每年有470万人左右的理工科毕业生，约等于美国、欧盟、日本、俄罗斯、印度等经济体理工类毕业生总人数，且国内大专院校的教学质量也在稳步提升。如此巨大规模的年轻工程师和高级技工的供给，将给中国经济带来新一轮的工程师红利，有效提升中国可贸易品的设计品质、产品质量和用户体验，也会带来一大批有品位、挑剔的中产消费者。从各国工程师的横向比较来看，在存量方面，美国、欧盟、日本仍然有优势，但在增量方面，中国则占上风；在工程师技能方面，美国、欧盟、日本仍有优势，但在数量方面，中国则占上风。

根据翟东升在其书中所述，中国受过高等教育或者拥有类似劳动能力的中等收入群体持续扩容且具备压倒性的数量优势，近年来国内的科技发明呈现繁荣之势，以及巨大规模的年轻工程师和高级技工的供给，带来了人才资源红利的底气。以上都体现了我国智力资源正在发挥巨大的优势作用，中国式创新正在影响着全球经济格局。

中国正迎来创意红利，“国产替代”的不只是技术端，还有消费端。现今国产替代大潮已涌入诸多行业，除了技术领域的国产替代有助于提升中国综合国力和国际话语权之外，内容消费领域的“国产替代”也越来越受到消费者热捧。中国正迎来创意红利，最直观的体现就是民族文化自信显著提升，如中国文化与产品出海、中国手游行业全球领先、国潮兴起。

TikTok火到国外。继打压华为、制裁中兴之后，2020年7月美国对TikTok的打压力度不断上升，甚至美国官方政府表示要对TikTok进行封杀。在TikTok被封杀前，它曾一度跻身全球应用下载榜前十，自2017年9月TikTok出海以来，迅速在美国、泰国、日本等亚洲市场火爆起来，短短三年内TikTok就在全球150多个国家地区，拥有了超过20亿次的下载量（不包括中国下载量），TikTok无疑是近年来中国互联网出海领域很成功的产品之一。美国所谓的封杀TikTok的理由是出于“国家安全”考虑，但背后其他原因有可能是因为它作为软文化的输出平台，对美国的文化造成了影响，同时也对本土竞争对手企业造成了威胁。其实Facebook早已推出同类短视频应用Lasso，但投入市场后不敌TikTok，经营数据表现惨淡。从另一个角度来看，TikTok在美国被封杀，也正说明了在内容社交领域，中国公司的影响力也在增强。

近年来，中国游戏海外发行表现极为耀眼，已成为新型文化输出载体。中国游戏厂商在全球市场上表现非常突出，过去四年里中国出海手游市场份额稳步攀升，至今约占全球手游市场份额的四分之一，已跻身为世界第一，预计中国将一直在手游领域处于领先地位，中国手游也会成为中国对外文化输出的一部分。根据SensorTower数据显示，2021年上半年全球手机游戏总收入达447亿美元，全球手游收入Top10榜单上中国手游包揽前三位，分别是《王者荣耀》《绝地求生（手游版）》《原神》。2021年9月中国手游发行商TOP100中的39家中国厂商，合计收入为25.2亿美元，占全球TOP100手游发行商收入的41.5%，收入和占比均创历史新高。

泡泡玛特（POP MART）让潮流玩具也可以传播中国文化。过去，在追求创意的玩具行业中，中国制造大多是代工的角色，很少有自己的原创火爆产品。不过现在，这一局面正在被一家新兴崛起的中国潮流玩具商所打破，即泡泡玛特。其所代表的并不是传统意义上的儿童玩具市场，而是势头迅猛的潮流玩具。目前泡泡玛特已经走向海外，其主推的盲盒已经进驻泰国、新加坡、马来西亚、日本、韩国、美国等海外市场，以热门潮玩IP逐渐带领中国潮流玩具在国际市场上崭露头角，展现中国创意与文化。正如泡泡玛特联合创始人兼副总裁司德所说：“这也是在向海外市场展示，中国产品向海外市场的输出，不只是相对低端的代工产品，中国也可以做出一些有艺术和设计的潮玩产品。”

从游戏到泡泡玛特，可以看到中国的创意正在全世界崭露头角。目前我国已是全球第二大经济体，对世界经济格局影响深远，但中国在文化领域的影响力远落后于经济影响力。笔者认为中华文化的复兴是不可逆转的趋势，近几年兴起的传统文化热足以证明，中国传统文化的存在感越来越强，这些文化正在以各种方式走入大众的视野和生活，甚至输出到海外，中国创意红利才刚刚开始。

（三）加速“数字经济”发展

“数字经济”一直是两会热词，最近六年的政府工作报告都有提及。在2022年政府工作报告中，“数字经济”更是单独成段。报告指出，促进数字经济发展。加强数字中国建设整体布局。建设数字信息基础设施，推进5G规模化应用，促进产业数字化转型，发展智慧城市、数字乡村。加快发展工业互联网，培育壮大集成电路、人工智能等数字产业，提升关键软硬件技术创新和供给能力。完善数字经济治理，释放数据要素潜力，更好赋能经济发展、丰富人民生活。

发展数字经济，元宇宙是一个不可回避的重要话题，两会代表委员对此也有相关建言。据媒体统计，武汉、合肥、成都等地均已将元宇宙写入地方政府工作报告，浙江、上海等省市在相关产业规划中也明确了元宇宙领域的发展方向。

1.数字经济加速进化，元宇宙是动态发展的未来方向

值得注意的是，2022年政府工作报告并没有直接提及“元宇宙”这个热门词汇。重要原因在于，元宇宙虽然被炒作了半年，但它还没有一个清晰、明确、具有共识的定义。一千个人眼里有一千个哈姆雷特，每个人对元宇宙的理解和定义都不尽相同。或者说，元宇宙是一个非常大、足够大的概念，以至于每一个人都只是管中窥豹，从自己的知识结构和认知层次给出一个碎片式的理解。笔者觉得最具有海纳百川解释力的定义在于：元宇宙不是一个静态的状态，而是一个动态的过程，它是现实世界与网络虚拟世界相互渗透、相互融合、相互促进的一个动态过程，是两个平行空间大融合的过程，这个过程，伴随着继承与超越。Meta的本意就是继承与超越。在这个融合的过程中，8个要素非常重要，即硬件、连接、算力、平台、标准、支付、内容、规则。这8个要素是现实与虚拟无缝连接的关键要素，没有这8个要素的持续进步，就没有人类星辰大海的未来。

但数字经济是人类经济社会发展的未来，新冠疫情加速了人类经济社会从线下模式向线上模式的进化，在这个过程中，中国数字经济的发展速度非常快，对元宇宙的关注、布局和引导非常重要。元宇宙作为进化方向指出了数字经济基础

设施投入的重要方向。中国数字经济发展，正沿着元宇宙前述8大要素的方向快速推进。例如，在支付方向，数字人民币的推广；在平台方向，国产精品游戏的出现；在硬件方向，中国芯片产业、AR/VR的进展，都对未来中国数字经济的持续进步奠定了坚实基础。

2. 中国元宇宙发展整体处于探索阶段，长期发展具备比较优势

当前中国元宇宙发展整体处在技术筹备，尚未实际落地的探索阶段。从现有AR/VR、5G网络，脑机接口和人工智能等底层技术来看，中国元宇宙距离实质性爆发仍需时日。现有物理世界的生产过程、需求结构尚未改变，线上与线下融合的商业模式仍在继续沿循既有趋势。

2022年2月，中国移动通信联合会元宇宙产业委员会官网发布《元宇宙产业自律公约》，提出元宇宙业务应立足服务实体经济，坚决抵制利用元宇宙热点概念进行资本炒作，避免形成市场泡沫。这表明中国元宇宙的发展已超越概念炒作阶段，正向具体的产业场景扎实推进。

3. 硬核科技是元宇宙发展的关键，政府有序引导将有助于行稳致远

2022年政府工作报告提出，提升科技创新能力。实施基础研究十年规划，加强长期稳定支持。笔者认为元宇宙发展关键领域从大的方向上看，就是硬核技术，而硬核技术的突破，离不开基础研究的长期投入。生产力决定生产关系，没有生产力的积累，元宇宙只是一个乌托邦。元宇宙理念虽然在1992年就出现在了科幻小说里，但直到今天才成为一个现实的主题，是因为，只有现在的人类社会生产力才能支撑元宇宙的建设。科技是第一生产力，中国发展数字经济核心关键点，就是持续推进科技进步，特别是基础科学的投入。

值得注意的是，元宇宙作为新兴事物，在早期发展过程中，在价值伦理、利益分配、规则制定、虚拟空间管控等方面存在诸多争议。笔者看来，政府部门的引导、规划和治理对元宇宙稳健发展十分重要。政府引导政策可以从以下三方面着力：一是完善经济激励机制。防止平台对数据及算法的垄断行为，让平台真正将收入控制权交还给开发者。二是保护元宇宙中个人的各项合法权利。重新审视虚拟犯罪行为的边界，探讨对元宇宙中的财产权、隐私权以及基本人权进行立法保障。三是强化对NFT等虚拟资产的监管，推动数字人民币发展。建议进一步推广数字人民币，确保未来元宇宙支付系统的稳定性与安全性，同时对基于联盟链打造的NFT资产进行金融监管，切实保护投资者权益。

三、中国元宇宙产业结构

目前海外互联网和科技巨头对于元宇宙的布局路径较为清晰，前瞻性布局上下游产业链，如Facebook大力押注元宇宙，收购Oculus布局VR领域，并推出Horizon发力VR社交平台；Epic Games融资10亿美元发力元宇宙，推进在虚幻引擎领域的发展；计算巨头Nvidia和游戏平台Roblox等均凭借自身资源禀赋在不同方向上大展身手。

相较于海外大厂，国内对元宇宙布局的路径正在形成。元宇宙在国内机会与空间非常广阔。

（一）元宇宙产业怎么做

基于元宇宙的定义，我们来看下元宇宙十大产业。从两个方面分析：一是元宇宙的产业支柱；一是元宇宙的产业地基。

首先要明确两个概念：元宇宙产业和产业元宇宙。

当构建数字新世界时，需要基础的支柱构建元宇宙。元宇宙产业的道路很漫长，可能需要20年、50年甚至100年。且元宇宙产业和产业元宇宙的发展可能是相互并行的。目前，元宇宙只是发展了1%~2%的状态，我们只有先把地基搭好、支柱建好，各类应用、场景才可能在上面繁衍，比如工业元宇宙、文旅元宇宙、农业元宇宙、教育元宇宙等。

支撑元宇宙的基础支柱分为两个层次，第一层是五大地基，分别是AI、网络、计算、存储和安全。数字新世界是一个持续、共享的数字空间，不能脱离物理世界，它们依托的核心就是来自物理世界的算力。另一层是五大支柱，分别是交互和展示、数字孪生和数字原生、身份系统和经济系统（区块链）、内容创作、治理规则。

算力是一个泛概念，实际上就是能量，只有源源不断的能量，如地球的阳光，才能催生风、火、电、气等能源形态。同理，元宇宙的算力来自物理世界，它使得元宇宙成为持续共享的世界。算力主要来自物理世界的计算、存储、网络、AI等软硬件。另外很重要的地基就是安全，确保平稳有序运行。

交互和展示的应用怎么做？目前的产业链由VR/AR、裸眼3D、全息投影及脑机接口等构成。目前，我国与国际水平还有一定的差距，在产品成熟度上有待提高。但是中国掌握了全球VR/AR产品几乎所有代工体系，能够迅速承接北美技术外溢，反哺国内品牌企业。在VR的发展上，提质降本后，中国用户喜欢尝试新事物，作为VR/AR驱动力的互联网模式商业运行效率全球第一，差距将很快缩小。在脑机接口发展上，脑科学与类脑研究已经列入“十三五”规划，有望快速缩短差距。

数字孪生和数字原生能做什么？数字孪生能把物理世界中的人、物、场镜像到元宇宙里，这样在早期迅速构建一个数字人熟悉的环境；数字原生可以发挥人的想象力，构建一个有别于物理世界的数字新世界，例如不受重力约束，头发可以设计为爆炸状。

数字人需要“身份证”和“钱包”在数字新世界生存，也就是身份系统和经济系统，这是第三个支柱。其实，我们的健康码就是数字身份之一。

数字化是无可阻挡的趋势。虽然当下每个人的生理信息、行为数据、心理信息，数字化的比率还很低，但随着软件定义世界的逐步深入，因为需要便利的生活，低成本高效率地利用信息，我们将主动拥抱，或者被动接受数字化生活，每个个体的数字化比率必将逐年攀升。

在这种情况下，如果一家公司垄断了虚拟世界，是极其危险的事情。因为你的身份系统、经济系统以及所有的工作、生活、娱乐、资产等信息都可能会被短时间内摧毁。

试图规划和控制的元宇宙，无法壮大成为激动人心的新世界。所以元宇宙最终要以区块链为基础，因为区块链的重点是去中心化。当然绝对的去中心化是不可能存在的，更多的是介于完全中心化和去中心化的中间状态，其实就是一种多中心化。比如，用户的数字信息分别由不同的公司保管。在去中心化的环境里，没有一家公司能够垄断用户的数据，剥夺用户的数字安全。这样用户才愿意在数字新世界里更多地消费、社交。

中国和美国在身份系统的发展形态上存在差异。中国以联盟链或超大联盟链为主，例如BSN、火星链、长安链、国信公链CIC等；美国则以公链为主发展和监管并行，生态广泛，如以太坊、Difinity、BNB等。

在数字化征程中，个人的隐私保护、数字资产的安全和转移将变得越来越重要，由区块链搭建的可信基础设施（可信计算、可信存储）将成为必须。因为区块链世界里每一个重要的比特都同时被存储记录在各个节点上，无法随意增删或修改，极大增强了确定性。

在监管数字安全方面我国走在了前列。2021年11月18日，国家反垄断局正式将数字经济领域作为执法重点。2021年11月20日，时任国务院副总理刘鹤在2021中国5G+工业互联网大会开幕式致辞时表示，要推进数据确权和分类分级管理，畅通数据交易流动，实现数据要素市场化配置，合理分配数据要素收益。

第四个支柱是内容创作。通过中国和美国在游戏、社交和引擎上的发展情况对比分析可见，在游戏方面，中国用户基数大，对新事物较积极尝试，中国公司海外投资布局较广。由于内容合规和金融监管等因素使得中国游戏平台目前无法以UGC方式获利。例如腾讯投资Roblox和Epic，Roblox是典型的运营方和生产方分离，但在国内难以监管，需要进一步探索如何更细颗粒度的监管。美国出现了各种新方式，值得研究，如NFT、Defi、GameFi等。

未来的内容创作是UGC、PGC和AIGC并存的时代。但UGC将逐渐成为主流，这也是共创的体现。万向区块链董事长肖风曾展示，在这样一个“无限游戏”的元宇宙里，它的经济模式是“利益相关者制度”。价值共创者也就是利益共享者，没有股东、高管、员工之分。所有参与者共建、共创、共治、共享。

我们可以把元宇宙看成一个股份公司，你哪怕只持股万分之一，也希望把生态做起来。你可以把它理解为万众创业。每个人都在积极地共建共创，同时拥有投票权实现共治，并共享将来的收益。刚开始会形成成千上万个不同的元宇宙，用户“用脚投票”，只有那些坚持开放共享精神的元宇宙才有可能吸引更多用户加入其中。

最后一个支柱是治理规则。元宇宙不是法外之地，仍然需要共识、规则和法律。我们看到了一些有益的探索，例如奥委会授权的冰墩墩数字化藏品对外开放购买。现在国内数字藏品缺乏可持续性，也就是说除了收藏，除了单次热点事件，后面还有什么价值？其实可以把NFT或数字藏品看成是圈子的门票，是一种资格，未来围绕着这个圈子有一系列的活动，这样才有更长远的价值。

（二）为什么出现元宇宙

首先，元宇宙的到来将满足人类的更高需求。根据马斯洛提出的“人类需求六层次论”，当温饱之类的生理需求满足后，人们自然而然就会有安全、情感、被尊重、自我实现等心理和精神需求。

但在现实世界中，人的很多本能和欲望受到限制和压抑。人能在梦境、文学、艺术、理想、游戏、元宇宙里面得以释放和满足。人在精神消费层面的消费将逐渐增加，类似影视、书籍、音乐、教育、游戏等优质的数字内容可以很容易地被复制利用，而成本却不会成百上千地增加。笔者相信未来虚拟世界的资产会远远大于实体世界的资产。

其次，元宇宙还将解决人类快速繁衍与地球资源有限的矛盾。据统计，全球人口总数到达第1个10亿人口经历了几百万年，如今仅用12年时间，全球人口总数就会到达70亿。

为了人类的生存发展，优化资源配置是一个永恒的过程。人类需要更好地利用能量、信息和价值，在更大范围内进行分工协作。

元宇宙则能满足部分人的部分需求，减少资源消耗，如开会、演讲、教育、运动、娱乐、虚拟旅游等都不需要消耗太多资源，有助于降低碳排放，实现“双碳”目标。近年的新冠疫情迫使人从物理世界（线下）向数字世界（线上）进行大迁徙。在社交方面，人们希望通过更接近真实的方式和关心的人一起共处某个场景；利用更低成本、更便捷的方式丰富人生的体验，包括与明星、医生、教师、艺术家、音乐家、科学家、思想家等之间的各种交流。

例如，在疫情期间，中国传媒大学在沙盒游戏《我的世界》举行“云毕业典礼”，吸引了全网上亿人围观。还有顶级AI学术会议ACAI在任天堂游戏《动物森友会》上举行20年研讨会，演讲者在游戏中播放PPT发表讲话。

在科学方面，实现飞机模拟舱，体验异常场景等；如果在真实环境中训练，试错成本是非常高的，包括人才培养、设备等。实际上，飞行员在模拟舱中可以真实在线体验这种极端情况，从而考验飞行员的应急能力和驾驶水平。

因为在模拟舱中可以模拟飞行员平时在飞行过程中很难经历的场景，比如飞鸟撞击发动机，导致一侧发动机失火，从而失去动力。在制造业方面，数字孪生、实时仿真模拟的应用能助力制造业。例如英伟达创始人兼首席执行官黄仁勋发布的“全宇宙”（Omniverse）平台。其中，对于地球气候变化，黄仁勋宣布将建立一个数字孪生来模拟和预测气候变化，数字孪生名为Earth Two，简称E-2.

其实国内也有一些落地的项目，只是没有整理得那么全面、系统。比如51WORLD做的城市3D建模，DataMesh的数字孪生平台，亮风台AR助力智慧矿山等。

（三）“元宇宙”之外，中国数字化转型还有哪些动向

数字化转型是融合应用大数据、人工智能、物联网、区块链等新一代信息技术，打造提升数字时代生存和发展能力，加速业务优化升级和创新转型，改造提升行业传统动能，培育发展行业新动能，创造、传递并获取新价值，实现数字化转型升级和创新发展的过程。其中，行业数字化转型，则是结合行业场景进行数字技术赋能行业发展的过程；企业数字化转型，则是结合企业个性化需求，利用数字技术赋能企业提质增效的过程。

从行业发展看，构建以数据为驱动、以客户为中心、以市场需求为导向的产品和服务供应体系，是企业在市场竞争中存活下来的关键。

趋势一：数字化转型的出发点从提质增效转变为创造数字价值。借助数字化手段，企业在网络空间再造一个与物理世界对应的“虚拟世界”，由此模拟并形成对物理世界的指导。伴随着数据规模的不断扩大，加强数据资产管理成为数字化转型中企业的共识，越来越多企业将数据纳入企业的资产管理。围绕数据的采集、筛选、加工、存储、应用等各环节进行规划，基于数据加工的全链条构建数据资产治理体系，提高数据资产价值成为重要任务，针对数据资产的运营则显得尤为重要，且呈趋势化发展。

趋势二：数字化转型的建设需求从“上线”延伸为“上链”。传统信息化建设一般性目标是为了节约资源，多是将业务“上线”无纸化办公，但运行机理和工作流程并未有根本性改变，只是载体的改变，并没有信息化的理念，久而久之形成了“信息竖井”，甚至成为传统产业转型升级和结构调整的障碍。进入数字时代，通过人工智能和大数据等数字技术的融合应用，开放共享已成为一个不可逆的过程，对于企业而言，数字化转型既能打破“信息竖井”，对传统业务优化整合，提高生产效率，又能实现多元融合，提高资源优化配置能力，促进整个产业链的协同发展，逐步形成产业价值链，进一步提升对需求侧的响应速度和适应能力。

趋势三：网络架构模式加速变革。数字化转型推动企业不断拓展基于业务场景的多元化应用，但很多场景的数字化应用对网络要求较高，企业必须加快变革传统网络架构。同时，5G、IPv6、Wi Fi6、SDN等新一代网络技术发展迅猛，也为企业加快变革网络架构提供了技术上实现的可能。目前，基于5G、IPv6等新技术的部署仍处于初级阶段，尤其是一些诸如F5G超宽带光纤固网的价值探索、IPv6+赋予IPv6终端更加智能的联结能力等，都成为未来重点的网络变革趋势，其赋能

场景数字化的深入应用值得期待。

趋势四：移动化、云化、低代码封装等轻量级应用将成为企业数字化应用的主流。近年来，移动互联、人工智能、大数据以及云计算等技术的发展，为企业级SaaS应用提供了基础条件，使得SaaS产品的成熟度不断提高，各类产品不断突破界限，跨界融合。基于成本效益及易用性的考虑，企业将业务管理迁移到云端，未来SaaS软件在企业应用方面将有巨大的发展空间。随着云计算生态的日益成熟，以及国家鼓励企业上云政策的落地，企业级应用软件市场驱动力正从传统大型项目向轻量化应用和定制化服务模式转换，各主流厂商的SaaS模式收入比重持续上升。从投入看，低代码、封装式的开发平台可减少代码量、简化开发流程、缩短开发周期、提高开发效率、节约开发成本、帮助客户更好地设计和实现需求，用户只需要关注业务本身，而不是开发。

趋势五：产品和服务数字化日益成为制造企业拓宽业务价值的主攻方向。传统制造企业在面临数字化转型过程中已不局限于生产流程与管理流程的数字化，越来越多的企业利用生产、管理等数字化转型过程中产生的数据，结合市场上公开数据，利用数字工具进行创新研发与探索，推进自身产品和服务的数字化，探索为客户提供全流程的数字化服务。如基于无人驾驶的智能叉车可以在隧道等危险环境进行无人作业，保障了车辆驾驶员的安全。同时，供应商通过对智能叉车采集到的环境数据、作业数据等各类数据进行分析，可以为客户提供基于数据分析的从规划、维护到后市场全流程服务。

趋势六：机器人流程自动化（RPA）成为生产环节数字化的突破点。机器人流程自动化（RPA），是一种可以迅速实现业务提效，将重复性劳动进行自动化处理，以高效低门槛的方式实现不同业务系统的连接，推动了财税、金融、客服、运营商、制造等行业领域在业务流程上实现自动化智能升级。未来，机器人流程自动化（RPA）将在制造业领域，特别是制造生产环节不断探索应用，助力更多工业企业降低人力成本、提升业务运营效率，成为制造型企业数字化转型的突破点。

趋势七："数字原生"将成为重塑企业核心竞争力的重要因素。随着数字技术的成熟与数字应用的普及，物理世界与数字世界将逐步实现无障碍交互。在数字世界不断成熟并持续对物理世界产生深刻影响背景下，人类的思维方式与认知模式都发生了颠覆性变革，"数字原生"应运而生，企业则将在数字技术赋能助力下进阶成为"数字原生企业"，引发企业在运营方式上的变革、商业模式上的创新、经营效率的提高与经营成本的降低。"数字原生"还将推动企业员工与管理者随之进阶，助力企业员工从普通人才向数字人才转变，助力培养企业领导者的数字领导力。同时，“数字原生”将改变传统IT部门职能形态，演变为和业务紧密结合的数字化生产力和领导力，重塑企业核心竞争力，提升响应市场需求的快速反应能力。

趋势八：电商化将成为企业供应链数字化转型的重要手段。电商化是企业数字化转型有效实现提质增效的重要手段。一方面，构建数字化供应链过程中，电商化采购逐渐成为热点领域，既可降低企业选材难度，提高采购效率，也增强了采购合规性的保障能力。越来越多的企业将通过构建一站式采购管理平台的模式规范企业采购流程，打通平台与企业内部财税、客户管理等系统之间的壁垒，实现采购管理从内部管理向与供应商、合作伙伴协同管理拓展，增强企业应对不确定性外部环境的发展韧性，助力企业打造数字化供应链生态。另一方面，越来越多的大型企业开始探索自建电商平台，用以改善服务体验，整合销售渠道，构建自身的数据资源体系，打通企业上下游供应链体系，更好地保障产品质量和售后服务。

趋势九：数字化助力聚合生态从零和博弈走向合作共赢。在数字化赋能下，大型互联网公司、科技巨头围绕自身核心业务打造聚合平台，进一步打造聚合生态，即企业围绕自身多元化业务体系和供应链体系构建跨行业、跨领域生态圈。红海中的企业为了获得更高的市场份额、赚取更多的利润，相互竞争成为了常态，这种零和博弈造成了数据孤岛与信息碎片化、企业营销和管理成本攀高、企业间“非理性竞争”、企业产品和服务单一等系列问题。随着数字化赋能聚合平台发展，越来越多的聚合生态开启了合作共赢模式，跨行业合作，甚至跨生态合作将成为可能。越来越多的企业通过可信数据的流通与共享、关键技术合作研发、共性平台整合、统一对外服务窗口等形式，基于供应链协同、生态资源协同等新模式、新业态的打造，从单兵作战到生态聚合、从数据集聚到数字融合，以数字化赋能打破企业传统价值体系，推进跨行业、跨品类的合作，走向共赢。

趋势十：数字人才将成为数字化转型的关键要素。随着数字技术创新应用日益广泛，数字化应用为群众日常生活带来极大便利，基于数字技术带来的智慧养老、数字医疗、数字教育等新模式与新业态被广泛接受。在数字技术普及与广泛应用下，人才也向数字化方向发展。首先，员工对数字化工具的熟练使用成为工作的必需，包括办公软件的熟练应用、基于即时通信应用的无障碍在线交流等。其次，员工的数字能力高低决定了是否能具有职场竞争优势，数字工具应用能力、数据价值分析与应用能力、数字创新能力等成为员工数字化能力的重要内容；最后，随着数字普及，数字思维养成成为了关键，基于“数字原生”带来的认知变革，基于数字赋能提升的创新思维方式将助力人才实现数字化转型。

1.信息速递

2022年2月，北京通州区政府近日印发了《关于加快北京城市副中心元宇宙创新引领发展的若干措施》。该《措施》提出两个元宇宙。

一是：北京城市副中心将打造一批元宇宙示范应用项目，支持一批元宇宙应用场景建设。

北京城市副中心将重点围绕文化、旅游、商业等领域，加快元宇宙相关技术与各行业深度融合，打造一批元宇宙示范应用项目，支持一批元宇宙应用场景建设。提升元宇宙产业空间承载能力，打造"1+N"的产业创新集聚区，在张家湾设计小镇创新中心，给予元宇宙企业房租财政补贴。支持元宇宙企业及服务机构集聚，根据元宇宙企业房租补贴标准，对在元宇宙应用创新中心新注册并租赁自用办公场地的重点企业进行（50%，70%，100%）三档补贴，每家企业每年补贴面积不超过2000平方米，连续补贴不超过3年。

二是：依托通州产业引导基金，采用"母基金+直投"的方式联合其他社会资本，打造一支覆盖元宇宙产业的基金，如果没有意外，这也将是国内第一支元宇宙基金。

为鼓励发展早期和长期投资，北京城市副中心将依托通州产业引导基金，采用"母基金+直投"的方式，联合其他社会资本，打造一支覆盖元宇宙产业的基金，支持元宇宙初创项目和重大项目并延长支持周期，支撑产业生态建设。同时，支持设立专注于早期和长期投资的元宇宙子基金。（来源：新浪VR）

2021年元宇宙正式破圈，成为讨论最多的话题之一。元宇宙风已经悄然刮入很多行业当中，众多企业都在积极布局、发展元宇宙技术及相关产业，试图抢占先机，抢先获取市场红利。

寰球国宇与顶级虚拟人制造商达成合作，加快布局元宇宙发展产业链，进一步提升寰球国宇在元宇宙市场当中的虚拟技术与服务，更好地推动元宇宙当中虚拟人技术的发展。

这家虚拟人制造商，无论是在AI操控的智能虚拟人技术方面，还是在二次元虚拟人技术方面，都有成熟案例。有专业人士预计，寰球国宇拿下这些虚拟人的发行权后，通过自身在市场资源整合、营销、推广领域的专业技术，将让虚拟人产品，更多地成为服务于元宇宙产业发展的重要力量。

而虚拟人在元宇宙当中的广泛应用，其实是元宇宙产业推动传统行业升级迭代的一种方式，通过虚拟人的方式，可以帮助更多的企业提高生产服务效率，提升服务体验质量，推动企业降低成本，增加企业市场竞争力，协助企业迅速把握市场机遇，赢得市场优势。而此次寰球国宇与国内顶级虚拟人制造商达成战略合作，双方将在元宇宙领域当中的虚拟人技术服务以及升级方案方面，进行更为深入的商务合作，这将推动元宇宙在娱乐、商业应用场景以及艺术品交易等诸多领域的落地与发展，比如商场售货员，博物馆讲解员等重复性工种岗位，虚拟人可以比人类做得更加出色，而且永远不会抱怨，不会疲倦。人类则可以从重复劳动中解放出来，享受生活。（来源：咸宁网）

2.案例速递

中青宝携《酿酒大师》上榜“2021元宇宙潜力企业TOP50”？

据悉，“2021元宇宙潜力企业TOP50”榜单是由《互联网周刊》联合德本咨询发布的，榜单聚焦最火热的元宇宙领域，本期上榜企业含括阿里巴巴、华为、腾讯、网易、中国移动和中国电信等国内诸多头部科技企业和互联网企业，综合展示当下元宇宙实际行动力和未来发展力方面的情况，既着眼于硬件“入口”，也重视软件、应用层面的数字创新，期待元宇宙真正为企业发展带来灵感、新思路和笃行的力量，把需求一步步落实。

3.元宇宙概念引入，虚拟与现实梦幻联动

2021年，元宇宙概念大火，瞬间引爆资本市场，国内国外各大企业纷纷基于自身领域、技术优势，布局该领域，一度引发元宇宙热现象。以技术赋能，数字衍生，复刻现实，打造平行于现实又实时在线的虚拟世界，虚拟创造现实，实现现实所不能实现的领域。

作为国内首家在A股上市的老牌游戏公司，深圳中青宝互动网络股份有限公司（股票代码：300052.SZ，以下简称“中青宝”）不断提高核心技术竞争力，技术创新赋能互联网新风口发展，在国内率先提出“线上酿酒线下提酒，开启虚拟现实梦幻联动”的前沿理念，深入虚实共融领域探索，基于对该领域的探索与认知，致力于推出一款以“数字化+酒文化”打造深度沉浸、交互式体验的颇具东方神秘特色的奇幻的虚拟现实共融的酿酒世界——《慎初烧坊——酿酒大师》

4.数字+文化IP打造，沉浸式酿酒世界构建

与榜单上其他的元宇宙企业所研究不同，中青宝的这款《慎初烧坊——酿酒大师》产品是一款基于元宇宙概念，深入线上线下链接模式，致力于打通虚拟与现实壁垒，拥有相对高自由和高社交度的全拟真社交经营系列产品。《慎初烧坊——酿酒大师》以百年传承的慎初烧坊为背景，以时下市场上最为火热的模拟经营为玩法，融入了酒、剑、侠、义等国风元素，创造性地为玩家创建了一个可沉浸式的酿酒世界。用户可以通过打造和经营潜意识里的虚拟酒厂，实现愿望、构建梦想中的世界，通过产品中强大的酿酒系统：农田、大龙井、制曲车间、烤酒车间、酒库、白酒实验室、酿造厂、智慧车间等，体验全套古法酿造技艺，以用户个性化的酿造、生产、包装、设计，感受数字技术下差异化“捏”酒的魅力。同时多重技术赋能虚拟世界新经济体系的构建，全开放交易模式实现产业业态闭合，加深虚拟交互体验，用户可在虚拟世界中建造经营酒厂并在物理世界中获取白酒，实现线上酿酒，线下提酒。数字技术+文化深度结合，多维度运用，呈现虚实共融架构下的数字酿酒世界。

5. 多版本系列研发，塑造不同视角的场景呈现

据了解，《慎初烧坊——酿酒大师》整体规划有：H5、2D、3D、VR、海外及Roblox等版本。《慎初烧坊——酿酒大师》H5社交版于2022年2月28日开启限号删档测试，并于2022年3月正式公测。其他版本也在陆续研发制作中，H5社交版只是虚实共融的初步探索，未来将围绕着金沙古酒文化IP，重点倾力打造3D、VR和海外版，进一步夯实虚实领域落地场景。

《慎初烧坊——酿酒大师》正在删档测试的H5社交版是结合了酿酒玩法、线上商城与社交，通过以酒融入，社交展开，酿酒与社交的高度融合，开启奇妙的古法酿造之旅。在H5社交版中，用户可以通过社交玩法进行互动，通过玩法引导沉浸式体验酿酒流程，在线上商城兑换或购买美酒。其主要功能为慎初宴会厅、普通宴会厅、酿酒玩法、聊天系统、商栈等，产品以多种元素充斥，以多重系统，巧妙布局，高度沉浸式体验“结婚生子”“员工招募”“竞价拍卖”等环节，以数字技术的多维度运用、虚拟现实领域的初步探索，从生产至生活，充分呈现美轮美奂的神奇数字酿酒世界，做自由的数字酿酒人，开启虚拟与现实的梦幻联动。

6. 技术赋能创新发展，持续在虚实共融领域探索

中青宝《慎初烧坊——酿酒大师》产品，从虚拟映射现实、创造现实，赋能实体产业出发，深耕线上线下底层逻辑，以数据传输、内容承载与沉浸式输出进行融合，数字联通实现线上沉浸可能，强化虚实交互体验，打破虚拟与现实壁垒，是一次大胆的尝试与创新，在推动行业趋势发展上有着重要意义。

此次入榜从多方面说明行业对于中青宝在该领域布局方面的认可，也凸显了《慎初烧坊——酿酒大师》在新商业领域创新探索所带来的行业价值。以技术+文化结合，打造更多优势应用场景，促进行业新业态形成，在引领行业发展上，中青宝将继续结合自身优势技术，夯实前沿技术底座，深化“数字+”模式应用，不断创新发展。完善全真拟真互动模式，深入构建全新虚拟数字世界，以创新发展能力，打造高质量数字产业，赋能实体经济发展。

2021元宇宙潜力企业TOP50		
RK	**公司名称**	**备注**
1	阿里巴巴（中国）网络技术有限公司	VR购物“Buy+”计划；达摩院XR实验室
2	华为技术有限公司	VR Glass眼镜；虚拟化引擎Hetu Engine
3	金山软件有限公司	金山云VR视频解决方案
4	中文在线数字出版集团股份有限公司	“中文元宇宙全球征文大赛”；签订《虚拟数字人联合开发合作协议》、以“长安链”为底层建设联盟链生态，正开发区块链存证平台
5	中国移动通信集团有限公司	成立国内首家元宇宙行业协会：元宇宙产业委员会；冰雪数智达人“Meet Gu”；消费级增强现实眼镜Nreal Air
6	中国电信集团有限公司	“盘古计划2.0”打造XR+全域文旅、XR+智慧教育、XR+新零售综合体、XR+娱乐空间站等应用场景
7	网易（杭州）网络有限公司	元宇宙风产品“瑶台”，利用游戏场景举办虚拟会议
8	中国联合网络通信集团有限公司	数字人产业的开发与制作、虚拟偶像的孵化、打造轻量化元宇宙社区平台
9	百度在线网络技术（北京）有限公司	元宇宙平台“希壤”
10	深圳市腾讯计算机系统有限公司	投资“元宇宙第一股”Roblox；虚拟音乐嘉年华“TMELAND”
11	联想集团	智慧服务，工业机器人服务，打造“工业元宇宙”服务体系；增强现实；数字藏品
12	北京次世文化传媒有限公司	持续构建多样性的虚拟人IP矩阵
13	小米科技有限责任公司	小米智能眼镜探索版；“立方米”计划助力云游戏生态建设
14	北京字节跳动科技有限公司	收购VR企业Pico；上线社交产品Pixsoul、派对岛；虚拟女团A-SOUL和虚拟人“李未可”
15	OPPO广东移动通信有限公司	虎年春节NFT数字藏品、虚拟人、“圆”宇宙计划
16	完美世界股份有限公司	《CS:GO》虚拟主播古堡龙姬
17	北京微美云息软件有限公司	专注于计算机视觉全息云服务

续表

2021元宇宙潜力企业TOP50		
RK	**公司名称**	**备注**
18	新华新媒文化传播有限公司	中国首套新闻数字限量藏品
19	万兴科技集团股份有限公司	深耕数字创意软件领域，赋能元宇宙创作者
20	芜湖三七互娱网络科技集团股份有限公司	投资VR内容研发商Archiact
21	中手游科技集团有限公司	“仙剑元宇宙”数字孪生、虚拟原生、虚实融生
22	浙江金科汤姆猫文化产业股份有限公司	使用AR扩现技术
23	深圳中青宝互动网络股份有限公司	元宇宙游戏《酿酒大师》
24	上海宽娱数码科技有限公司	高能链、数字藏品与虚拟偶像团体
25	北京全时天地在线网络信息股份有限公司	虚拟人“元启”
26	三六零安全科技股份有限公司	发布元宇宙数字安全体系框架
27	宏达通讯有限公司	与游戏公司Valve联合推出了头戴式VR设备VIVE
28	天下秀数字科技（集团）股份有限公司	元宇宙虚拟社区“虹宇宙”
29	京东方科技集团股份有限公司	应用于VR/AR等可穿戴领域的技术产品
30	上海零数科技有限公司	元宇宙开放生态的赋能者
31	凯撒（中国）文化股份有限公司	剧情动画生成系统、自动化测试系统、内容审核系统、舆情分析系统和游戏智能体验系统
32	中兴通讯股份有限公司	红魔元宇宙生态，在物联网、AR云平台、人工智能、区块链等技术方面有长期研究和技术储备
33	无锡宝通科技股份有限公司	聚焦裸眼3D、数字孪生在工业互联网领域的应用
34	歌尔股份有限公司	智能穿戴设备、VR/AR产品在内的智能硬件
35	浙报数字文化集团股份有限公司	打造全维度的艺术品经营业务矩阵体系
36	湖北盛天网络技术股份有限公司	VR/AR体验专区
37	北京爱奇艺科技有限公司	奇遇Dream VR一体机
38	视觉（中国）文化发展股份有限公司	“区块链+”战略，“元视觉”数字藏品平台
39	昆仑万维科技股份有限公司	构建UGC的游戏社区平台GXC
40	心动网络股份有限公司	TapTap云玩平台
41	北京市商汤科技开发有限公司	与越秀集团联合打造AR购物新体验，激发AR营销新价值

续表

2021元宇宙潜力企业TOP50		
RK	公司名称	备注
42	天津小屋信息科技有限公司	VR看门店、工地时时看、户型方案库、AI设计、自动化报价、水电VR、激光量房等创新型场景应用
43	芒果超媒股份有限公司	虚拟主持人“YAOYAO”、AR明星合拍互动系统、互动视频平台、IMGO超高清视频修复、增强平台，“互动+虚拟+云渲染”构建基
44	上海风语筑文化科技股份有限公司	数字艺术馆；开拓元宇宙泛娱乐时代虚拟场景；虚拟人小安
45	北京数码视讯科技股份有限公司	数字藏品平台洞壹元典
46	湖北省广播电视信息网络股份有限公司	布局VR研发、应用、内容制作
47	杭州顺网科技股份有限公司	顺网云游戏解决方案
48	上海米哈游网络科技股份有限公司	推出元宇宙品牌HoYoverse，创造和传递沉浸式虚拟世界体验
49	浙江世纪华通集团股份有限公司	元宇宙 游戏《LiveTopia》
50	蓝色宇宙数字科技有限公司	打造“元宇宙+营销”的场景模式

（数据来源：2022.3德本咨询/《互联网周刊》联调）

四、元宇宙为不可逆潮流

2022年全国首个元宇宙机构的中国移动通信联合会元宇宙产业委员会（以下简称：元宇宙产业委）成立，期间公布五批共124家/人成员，发布《元宇宙产业自律公约》，又举办全体委员会议，元宇宙产业委已成为推动国内元宇宙业态发展的重要组织之一。

元宇宙产业委执行秘书长武艳芳接受蓝鲸财经的专访，详细介绍了元宇宙产业委的创立目的和着力点，以及对元宇宙的监管和畅想。

（一）搭建全产业链式平台，促进业态联动

元宇宙产业委设立总体初衷是为了推进国内元宇宙产业健康有序可持续发展，第一目标是在疫情对全球经济造成巨大打击的情况下，帮助国内的高科技企业寻求新的发展方向，搭建全产业链式的促进行业发展的平台，让企业间联动起来，带动新的经济增长点。第二目标是让国家的高科技发展有自主创新的态势，避免再出现在国际上有过的卡脖子、设门槛的现象。第三目标是切实为企业发展做出实际贡献，比如孵化优质元宇宙项目，搭建国内外交流合作平台，组织专家智库联合企业撰写行业书籍等，让企业和个人在新时代都有新的机会。

目前，元宇宙产业委已发布共5批成员名单，合计124家/人，包括中青宝、元隆雅图、蓝耘科技、天下秀、中文在线、盛讯达、浙商银行、蓝色光标、山水比德、华扬联众、引力传媒等上市公司等21家上市公司，其中部分公司更是被评选为元宇宙产业常务委员单位，针对成员单位的选拔标准，元宇宙产业委会对申请加入的单位进行全方位的了解和调研，首先需要的是合法合规经营的单位或学术研究的个人，在业内及相关行业口碑良好，为社会带来积极正向影响的。其次，按照“战略性、系统性、协调性”的要求，元宇宙产业委在各个领域、各个行业、各个板块来吸纳不同的科技、实体以及金融等方面资源来进行业态间的融合，来实现元宇宙产业委平台资源畅通循环，委员单位之间可以形成互通有无，互相交流促进的业态联动发展。

元宇宙产业委作为一个开放融通的平台，充分鼓励行业中有创新探索精神的公司、团体、个人等参与到协会的生态中来，所以不会有具体的数量规定，但会严格按照协会的审核接纳标准来吸收会员单位和个人。

搭建元宇宙国内外产业交流平台也是元宇宙产业委的一项重要工作。元宇宙产业委同时搭建线上的元宇宙发展和交流平台，例如联合央链直播一起打造的微综艺节目《一起元宇宙》，就是利用虚拟空间来打造一个促进行业间、企业间进行交流和联动的线上平台。

（二）形成国内数字经济生态，与国际有序接轨

随着元宇宙生态的不断进化，会有很多在元宇宙的虚拟空间里被用户创造出

来的有价值的内容和产品以及衍生品。这是在虚拟空间里被广泛需求，就可以为创作者带来收益，也就是虚拟空间里的资产形成了参与者的收入来源。这些虚拟空间里的资产被叫作数字资产或者数权资产，因为一定是有了确权系统才有流转的价值，渐渐这些数字资产和数权自己就可以形成用数字人民币的交易。慢慢也就形成了以数字资产交易为基础的金融生态。

未来，国内元宇宙体系要有目标，有方向地进行国际接轨。目标一定是让中国的新型数字经济生态、金融生态能够在国际市场形成影响力，或者形成主导方向的接轨，让国外的元宇宙爱好者跟随国内的金融生态来进行接轨融合。尽量避免盲目或者全盘跟国际接轨，避免国际上的金融生态对国内的金融生态造成不良冲击。

（三）抵制利用概念资本炒作，股价回归理性为正常

元宇宙产业委曾在2022年2月21日发布的《元宇宙产业自律公约》中提出，元宇宙业务应立足服务实体经济，坚决抵制利用元宇宙热点概念进行资本炒作，避免形成市场泡沫。此外，《公约》提出，要强化主体责任，远离非法模式。抵制编造虚假元宇宙投资项目、发行元宇宙虚拟币等非法金融活动等。

针对目前市场上打着元宇宙旗号的套路与骗局，在元宇宙产业委层面，在接纳成员单位之前就会有调研和审核，会将这一主体排除在元宇宙产业生态之外。具体管制措施需要国家的监管部门用现行法律法规的加强管制措施，同时协会也会从行业发展的切实情况出发，为国家监管部门提供相关政策法规的合理化建议，促进国家尽快出台行业规范相关的法律法规。对各种套路和骗局项目进行严厉的监管。

元宇宙在股市上的热度逐渐下降，元宇宙板块指数近一月整体下降5.72%。对于A股元宇宙板块逐渐降温，武艳芳表示，概念并没有完全“熄火”，毕竟“元宇宙”的产业发展已经在全球形成共识，所以在概念火热之初，资本和散户趋利的本能是可以理解的，股价一时受到追捧也是情理之中。但是元宇宙产业发展是一个科技实际进步的过程，这个过程也许需要相对较长的时间，所以在科技进步能够落地应用实现元宇宙形态的过程中，股价回归理性也是正常。但总体元宇宙是时代趋势，是不可逆的潮流，所以只要是扎扎实实做元宇宙产业的上市科技公司，一定会随着产业的发展和市场的繁荣逐渐增值的。投资者需要理性对待这个发展过程。

五、面对元宇宙的正确态度

元宇宙作为深度数字化与智能化时代的科技新形态，在打开丰富可能性、形成巨大吸引力的同时，也对现实世界的经济发展和社会伦理带来一系列冲击和挑战。元宇宙不仅是重要的新兴产业，也是需要重视的社会治理领域。

在元宇宙的发展过程中，企业、创作者、普通用户、投资者以及整个社会都将不同程度地参与到元宇宙的建设中。

作为技术开发者的企业，应当抱着开放的态度研究元宇宙的相关技术。技术的发展从来不会等待后来者。在这一点上，国内的企业已经吃过芯片技术落后的苦头。从目前来看，不少互联网企业都有意或已经开始布局元宇宙。需要指出的是，企业需要十分注意标准的制定，尤其是在如今元宇宙的具体定义尚不明确的时期，能参与标准的制定就能在元宇宙的发展过程中具有更大的发言权。从更长远角度来看，元宇宙发展所需的超大算力和交互技术，也需要企业投入大量的人力物力进行研究，技术发展的红利在元宇宙时代也不应当受制于人。

从当前的内容创作平台来看，用户自发创作的科普类及知识付费类视频受到越来越多的关注和点击，这些作品甚至产生了现实层面的影响，如文物修复、法律科普等。同为内容创作平台，元宇宙的内容也依赖大量创作者。应鼓励创作者更多地考虑如何创作更具原创性的虚拟场景，充分利用工具提供的自由度，在元宇宙中快速度过泛娱乐时期，为社会生产方式变革提供更多的创意。同时，我们也希望看到元宇宙提供的工具和平台能呈现多元且包容的体验内容。

对于普通用户而言，娱乐与社交属性是目前大众对元宇宙的最基础的预想与期待。人们可以在元宇宙世界冒险、生活，甚至产生真实的感官体验。在当前疫情环境之下，国内甚至全球范围内的网络会议需求持续增加，而元宇宙会议也是对传统会议形式的巨大革新，虚拟现实会议厅给人们的工作无疑带来了巨大的便利。在元宇宙的预想世界里，我们将实现越来越多现实世界难以办到的事情，如足不出户旅游、探索外星世界等。目前来看，元宇宙的发展趋势已经不可阻挡，守旧地抗拒元宇宙的发展，与全盘接受元宇宙的发展，两个极端都不可取。作为普通人，一方面可以大胆尝试接纳这一新兴事物，另一方面要保持理性的思考，不盲目跟风，避免陷入元宇宙发展过程中存在的陷阱。

伴随着市场的转变和巨大投资机遇，投资者也跃跃欲试，希望在元宇宙的世界分得一杯羹。从短期来看，前沿的方向对很多投资者而言更有投资潜力，将资金投入新兴产业在一定程度上也有较大的机遇。然而，从长期来看，元宇宙的肆意生长与发展，必定会带来诸多不良影响，国家相关部门必将出台严格监管措施，部分资本可能因此出现流动和逃离现象。所以，投资者能否获得元宇宙领域的长期收益，与行业自身发展以及国家监管是密不可分的。要想最终实现元宇宙世界的预想，目前还需要突破很多技术难点和发展中的障碍，而这些方面对投资者来说尤为重要。投资者必须明白哪些趋势是利好并且能够跟上，哪些只是噱头无法真实地产生价值。总体上而言，对于元宇宙的“爆红”，投资者应保持谨慎，理性地看待元宇宙这一投资热点，清楚与之相关的各种经济行为，充分评估其中存在的风险，不要盲目逐利。

任何一次技术变革都不是一蹴而就的，元宇宙的发展必然是一个循序渐进的过程。

目前来看，元宇宙的发展趋势是不可阻挡的，而元宇宙真正能带给我们什么，目前还是一个未知数。作为元宇宙发展与变革的见证者，站在发展的角度理解前沿技术与思想，以批判的思维接纳新事物的出现，这或许是我们面对元宇宙以及未来更多新兴事物的正确态度。同时，我们也期待元宇宙能够真正地影响人类生产生活方式，为人类社会的进步提供助力。

六、全国“两会”的元宇宙之声

自从扎克伯格将Facebook改名为meta后，元宇宙（metaverse）概念大火，并一跃成为2021年度热门词。在2022年全国“两会”中，许多代表委员们提出关于“元宇宙”的建议。

（一）前瞻布局元宇宙打造数字经济新优势

全国政协委员、农工党中央委员巩富文认为，前瞻布局发展元宇宙，是做大做强数字经济，抢占未来竞争制高点，把握发展主动权的重要现实路径。

他建议，加快新型数字基础设施建设，打牢元宇宙发展根基；加强关键核心技术攻关，把控元宇宙安全命脉；加深区块链探索应用，拓展元宇宙赋能场景；加强数字经济综合治理，护航元宇宙行稳致远。

（二）把握数字经济机遇，打造“元宇宙中国”数字经济体

全国政协委员刘伟建议尽快出台“元宇宙中国”数字经济体的设计方案，推动形成虚实融合、沉浸交互、拥有完备规范体系的新型社会关系平台。

全国人大代表、腾讯公司董事会主席马化腾提到，随着“元宇宙”、NFT（非同质化代币）、Web3等新概念的兴起，局部领域出现投机炒作、避实就虚的现象，带来金融、技术和社会治理等领域的新风险隐患。

他建议，引导数字科技企业面向核心产业和重点领域进行研发；统筹安全与发展，前瞻研究新一代互联网的关键技术与治理规则；引导技术、资金等资源要素真正流向实体领域；持续增加对偏远地区、特殊群体的公共服务数字化供给，让全民共享“数实融合”成果。

（三）解决技术局限问题，优化升级数字基础设施

中国民主促进会中央委员会建议，着力解决技术局限问题，优化升级数字基础设施，包括元宇宙产业在内的数字经济的基础；扎实推进基础数字技术研究，充分发挥企业和科研院所、实验室的作用，促进数字技术向经济社会和产业发展各领域广泛深入渗透，推进数字技术、应用场景和商业模式融合创新。

（四）推动元宇宙立法研究，加强技术引导

中国民主同盟中央委员会建议，由工信部、科技部等牵头，组织企业、科研院所、高校等机构，在元宇宙相关核心器件、关键软硬件技术方面及早推进研发。在技术层面加强定向引导。

首先，继续重视、持续推动元宇宙涉及的底层技术，如5G/6G、大数据、AI、区块链以及卫星互联网、空天地一体化网等新兴技术。同时，扶持面向不同应用的综合集成技术。

此外，民盟中央还建议，相关部门组织专家学者开展理性的知识传播，向社会普及、宣传元宇宙相关知识、技术与法规、风险，提高民众认识、辨别能力。还应尽早加快立法研究，尽快形成与技术、市场发展相适应的治理模式和法律基础，全面提升我国社会治理的水平。

（五）推动元宇宙“以虚强实”发展，构筑数字空间治理规则

全国政协委员、上海市经信委副主任张英认为，形成元宇宙“以虚强实”的发展导向，打造赋能千行百业的产业创新体系；构筑具有中国特色、顺应全球趋势的数字空间治理规则，促进元宇宙相关产业健康发展。

（六）打造“元宇宙中国”数字经济体，推动虚拟数字经济立法

全国政协委员刘伟提出，加快打造“元宇宙中国”数字经济体，不断丰富提升其内容，并推动虚拟数字经济领域的立法。

他建议尽快组织论证、统筹规划，出台“元宇宙中国”的顶层设计方案。尽快组织各方面专家对打造“元宇宙”的必要性、可行性进行充分论证，形成整体指导原则，明确建设总目标和阶段目标，形成框架性的顶层设计规划。

（七）加强对元宇宙市场的监管，防范新型数字经济风险

据中国经济周刊报道，全国政协委员、第五空间信息科技研究院院长谈剑锋认为，应提前布局元宇宙行业监管、技术研发和舆情引导。

监管要在坚持底线和红线的基础上，加紧制定相应准则和规则，引导社会资本投向原创性、引领性创新领域，也要突破现有约束，为产业发展提供一定包容度。还要注重用技术打造国家数字经济的核心竞争力，做好数据安全防护，切实有效防范技术、市场、业务等各类风险叠加。

（八）加强元宇宙监管与伦理约束，防范信息安全隐患

全国政协委员、雅昌文化集团董事长万捷建议，应加强监管，在技术层面、法律层面、道德伦理层面对元宇宙发展进行约束，明确法律性质、交易方式、监督主体、监督方式等。

此外，元宇宙的发展，可能使用户信息被盗用或滥用等安全隐患变得更加复杂和隐蔽，这需要有关部门在积极开展风险研判的同时，进一步提升防范意识和手段。

综上，两会提出如此多关于元宇宙的建议，即使不会全部通过并执行，也展现了未来互联网技术的发展趋势与值得警惕的数字空间治理风险。因此，对于持续火热的元宇宙，我们既要抓住它的发展机遇，前瞻布局，攻坚核心技术；又要加强监管与约束，防范元宇宙“虚火”，警惕元宇宙的科技泡沫和圈钱陷阱。

第七章

在硬件未至之前元宇宙营销思维案例

一、中国移动合作的一个“元宇宙”案例解读

对于通信运营商来说，元宇宙到底代表什么意思呢？对于具体的消费者而言，元宇宙能带来什么呢？

从中国移动的一个战略合作谈起。在这个合作中，三方的共同愿景是就VR/AR、机器人元宇宙、人工智能、数字孪生等领域达成战略合作。所以“元宇宙”概念在其中拥有重要地位，就连深交所创业板管理部都发函询问：“请你公司具体说明合作各方主营业务、主要产品与元宇宙概念的关联性，合作各方在人才、技术、市场等方面具备的优势，元宇宙领域现有竞争情况，合作各方的合作模式，合作各方在元宇宙领域已有的技术与人员布局情况，前述技术目前在研发、应用等方面所处的阶段、预计上线时间、未来市场化与商业化应用的可行性，并充分提示相关风险。”

据合作公司的回复来看，涉及“元宇宙”概念及技术的包括如下几个方面：

第一，5G通信是基础。因为5G拥有的高速率、低时延、低能耗，以及大规模设备连接等特性，正是支持元宇宙所需要的大量应用创新的基础。

第二，虚拟现实是主要的应用形式。其中这种虚拟现实包括了VR（虚拟现实）、AR（增强现实）、MR（融合现实）。比如在此前Facebook给大家描述的使用场景中，虚拟与现实可以合二为一。

第三，在虚拟现实下，大数据处理成为必需，故引入了人工智能以及云计算。其中云计算的动态分配算力能力将以元宇宙的一项基础设施存在。

第四，元宇宙中安全是最重要的，而目前最安全的认证机制又莫过于区块链，这个技术前几年曾流行过一段时间，现在又在元宇宙的东风下重新火爆起来。当然，区块链的主要优势是去中心化，这就使得元宇宙中的价值归属、流通、变现和虚拟身份的认证成为可能，也没有篡改可能。

第五，元宇宙需要数字孪生来构建细节极致丰富的拟真环境，由此营

造出沉浸式的在场体验。故丰富的传感器、人工智能、数字孪生等也就应运而生。

二、宝武钢铁打造AR智能运维系统，开启全新设备运维方式

2020年，AR在钢铁行业的应用可以说是初战告捷了。疫情期间，华菱湘钢的工程师通过亮风台提供的AR眼镜以及AR远程通信与协作平台HiLeia的冻屏、实时标注等功能克服了疫情影响，与中德奥三地专家进行远程无障碍沟通协作，顺利实现跨国远程装配。这是我国钢铁业首次通过5G+AR进行跨国远程装配。在此后一年，华为即联合三大运营商、亮风台、宝武、华菱湘钢、河钢、柳钢、首钢等撰写发布了《5G智慧钢铁白皮书》，明确“5G AR远程装配”为5G智慧钢铁十大应用场景之一。

2021年，宝武钢铁引入亮风台AR技术与应用，打造了“AR智能运维系统”，为冶金企业带来了全新的设备运维工作方式。

以往，在需要原厂专家远程协助、后端专业技术人员与现场点检人员信息交流、检修作业的多岗协同场景下，往往只能采用邮件、电话、微信等方式进行信息交换和沟通协作。基于当下信息化、智能化技术的飞速发展，以电子邮件、电话等方式传递信息、数据的效率已经不能满足高效、智能的工作需求，而使用微信等互联网即时通信工具虽然一定程度解决了信息传递效率的困扰，但同时又衍生了企业数据安全、信息碎片化等一系列问题。

作为国内首批实现5G钢铁生产的企业，宝武充分结合5G、云计算、边缘计算、大数据、人工智能、AR增强现实等新一代信息技术，借助与亮风台联合打造的AR智能运维系统，赋能运营维护、设备管理等各个环节，在发挥下沉式部署优势，保障数据安全的前提下，实现关联设备的数字信息可视化、精准远程协作与高效过程记录管理，最终完成基于“作业现场”的信息交互能力提升。

宝武现场运维人员佩戴亮风台最新5G AR智能眼镜进行设备运维工作

2021年，基于早期的AR跨国装配经验，亮风台在钢铁行业开拓出了更丰富的应用场景，与钢铁行业实现了更精耕细作式的合作，进一步助力钢铁行业由“制造”向“智造”转型。

三、能源行业——正泰集团，作业指导AR可视化，新手员工不犯难

熟练的“老师傅”宝贵又稀缺，面对复杂的电力设备、厚厚的作业指导书，现场的新手员工怎么办？2021年，正泰集团联合亮风台，引入AR利器，打造了一套“AR配电运维系统”。有了这套系统，上述一直困扰诸多能源企业的“紧箍咒”瞬间土崩瓦解。

“AR配电运维系统”，以可视化方式将作业指导书内容配置导入，现场新手员工佩戴AR眼镜，扫描设备二维码就能看到该设备的作业指导内容，按照提示进行

一步步的规范操作。除了设备的图片、文字、PDF文件等，设备上的一个小按钮也能显示出对应的文字说明，极大提高人员现场作业规范水平以及工作效率。新手员工再也不用手忙脚乱地在现场翻阅厚厚的作业指导书，便捷高效的完成运维工作不再是难事。

亮风台SLAM技术实现的精准3D标注效果

“AR配电运维系统”还可通过唤醒AR远程通信与协作平台HiLeia开启多方远程会诊。后台专家可以在AR眼镜传回的第一视角画面上使用3D标注功能可视化指导现场人员完成相关操作或者是故障处理。值得一提的是，3D标注基于亮风台SLAM技术，它的特点就是精度高、速度快、支持各种复杂场景。在工业场景中，精准性很重要，否则一个A按钮的说明被标记到B按钮去，造成操作失误将会带来难以预计的损失。

四、东北石油局集成AR技术，打造存量系统融合新技术范本

对于很多工业企业来说，工业4.0转型升级过程中，虽然智能化得到了升级，但也伴随着系统越来越多，数据越来越海量的新问题，反而加剧了工作负荷，那么如何既能利用AR新技术来降本增效，又能不增加多系统负担呢？东北石油局在2021年打造了融合范本，实现了存量系统和AR新技术之间的断层弥合。

东北石油局在已有GIS平台基础上，集成亮风台AR远程通信与协作插件HiLeia.PS，打造了“AR可视化协作管理平台”。该平台主要应用于故障诊断和应急维修两个场景，帮助后端专家与现场作业人员进行第一视角的可视化沟通。

很多时候，现场的问题只是一些小问题，但由于现场人员缺乏特定技能，很难在现场解决，故而浪费了大量的专家资源。另外有些情况是，专家到达现场，诊断出问题，但现场又缺少维修配件。由于配件运输时间长，专家只好先回去，等配件到了，再第二次奔波到现场解决。

宝贵的专家资源被大量浪费在路上，实属可惜。有了这套系统以后，三百多公里外的松原油田工人只要佩戴亮风台AR眼镜HiAR G200，就能马上得到远在长春东北石油局技术专家“如临现场”般的支持了。故而，借助这套系统，东北石油局有效释放了专家资源，极大降低了差旅成本，实现石油行业降本增效再进一步。

五、重工机械——AR改变传统检修模式，打造低成本提升客户满意度范式

对于制造企业而言，时间就是金钱。如何缩短检修时间、提升检修效率，是制造企业在不断思考的问题。

2021年，韩国某跨国集团、全球重工机械制造商50强与亮风台合作打造的“远程智能巡检AR系统”上线。这套系统配合AR眼镜使用，可实现AR设备自动监测＋专家远程支援两大功能，适用于各类工程设备巡检及维修工作，能够在故障、维修现场，通过远程技术支援，快速判断故障原因，拿出最有效率的解决方案。

比如，如果设备确定需要到场处理，支援人员可提前了解现场设备情况，依据设备的运行状态和故障原因，提前准备好所需要的各类配件。这种方式规避了支援人员先奔赴现场检查，再回来等待维修配件到位的问题，极大提高了客户响应和服务效率。

巡检人员佩戴AR眼镜完成智能自检

工程机械属于重要的生产资料，在很大程度上有着不可替代性，一旦机器出现故障就意味着被迫停工，可能给客户造成严重的经济损失，甚至可能影响整个工程的进度。借助该系统，该跨国集团既可节省检测时间，提高检测效率；也可提高服务力量薄弱地区的维修服务效率；还可以减少装备停机时间、降低客户经济损失。一举多得，提升了客户满意度。

六、汽车行业——上汽通用“AR智能车书”，用户买后体验再升级

在过去，第一次买车后，很多消费者会拿着厚厚的使用说明书，在自己的爱车上边翻边找边操作研究，这个按钮是什么意思、怎么设定巡航减速、碰撞系统怎么用……一系列的问题让人抓耳挠腮，厚厚的说明书既难懂又容易遗忘，最终只能躺在不知道什么地方默默吃灰。

2021年，亮风台与上汽通用合作，基于AI深度学习、AR等技术，打造《雪佛兰AR车辆手册》，借助该AR车辆手册，用户只需要通过手机扫描车内图标，就可以显示其对应功能、功能描述、动画演示、视频介绍等，包括识别错误提醒机制，

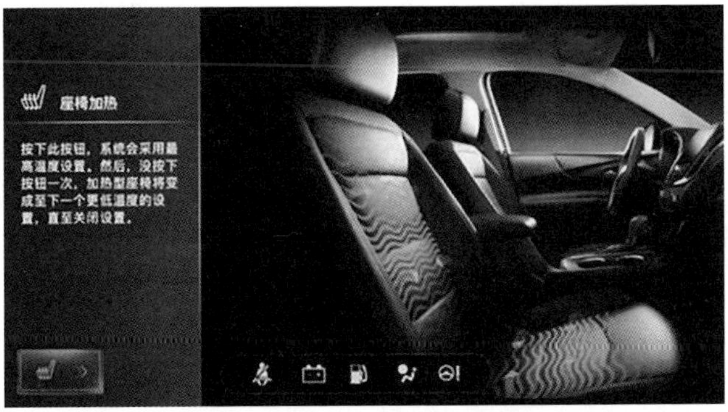

《雪佛兰AR车辆手册》演示“座椅加热”功能

帮助用户快速熟练新车、升温车人熟悉感。AR实时交互，能够真正有效减少用户使用负担，帮助轻轻松松了解新车的每一处细节，实现"一扫就知"！有了这套"AR智能车书"以后，广大车友们再也不用怕看不懂说明书了。

在技术层面，相比前两次亮风台与上汽通用的合作，双方本次合作的《雪佛兰AR车辆手册》做了重大技术升级，其基于训练卷积神经网络的深度学习技术，在进行AR车辆识别时，可以不断使用标注信息进行监督训练，使用轻量级模型框架加快前向推理速度，并且利用增强数据方法减小过拟合加强泛化能力。

七、家电行业——海尔AR应用再深入，开拓"首样质检"新场景

工厂首件产品检测对生产质量把控意义重大，如能及时发现首件产品问题就能够极大避免整体产线的产品质量问题，为企业规避损失。目前很多工厂采用人工检查并填报纸质单据的方式，检查过程用人多、效率低；报告及数据上传存在滞后、易出错、易遗漏等问题。

2021年，青岛中德智慧园区内的滚筒互联工厂引入亮风台AR智能眼镜和AR首件质检系统。质检员开始质检后，AR眼镜将自动开启全程录像。通过AR眼镜，质检员可以在检测现场查看到流程中每一步骤的检验内容、操作指导等数字信息，还可通过语音进行程序控制、质检项目选择、检测结果输入等。在完成整个场景后，将检验信息上传到质检后台，后台支持相关数据的查询、展示及报告的生成。AR首件质检实现了工厂工单无纸化、信息标准化、巡检电子化、管理可追溯等能力积累，助力海尔在首件质检中效率提升。

质检员佩戴AR眼镜进行质检工作

亮风台与海尔的合作其实由来已久。2019年5月开始，海尔智研院与亮风台达成战略合作，由海尔智研院牵头，共同成立国内首个面向工业领域的虚拟现实技术应用联合实验室。依托该实验室，双方在智能制造多个环节展开了密切合作，不断探索新技术应用场景，共同推动AR技术在海尔、海尔生态伙伴体系等工业场景中的商业落地。

八、西安大唐不夜城打造首个“元宇宙”项目

基于“元宇宙”与未来城市生活息息相关，西安曲江大唐不夜城文化商业

（集团）有限公司与太一集团联合打造了全球首个基于唐朝历史文化背景的元宇宙项目——《大唐 · 开元》。据悉《大唐 · 开元》完美复原了唐长安城的风貌，构建一个与真实世界平行的虚拟数字世界，且无论消费者身在何处，都可以通过端口登入《大唐 · 开元》世界，能在完美复原的唐朝街道上体验游览、购物，并且享受和现实世界一样的商家折扣，甚至可以邀请异地的朋友一起逛街，为消费者创造虚实融合的购物空间。

九、三一集团以AR驱动服务升级，打通数字化服务“最后一公里”

传统客户服务模式下，服务工程师需要反复奔赴现场，花费大量时间清除故障；而服务工程师还会因为经验不足，需向异地专家寻求技术支持，而异地专家又“看不到说不明”。现场的不可视直接导致双方往往“鸡同鸭讲”，难以高效排故。

为此，三一集团引入亮风台，与树根互联融合，搭建售后远程支持平台，将AR技术应用于服务体系，与实时音视频、4G/5G无线通信等技术相融合，为处于不同地点的一线现场人员和服务中心专家、售后团队成员建立一体化的AR协作空间，搭建售后服务体系故障解决、产品改进与培训的数字化赋能平台。

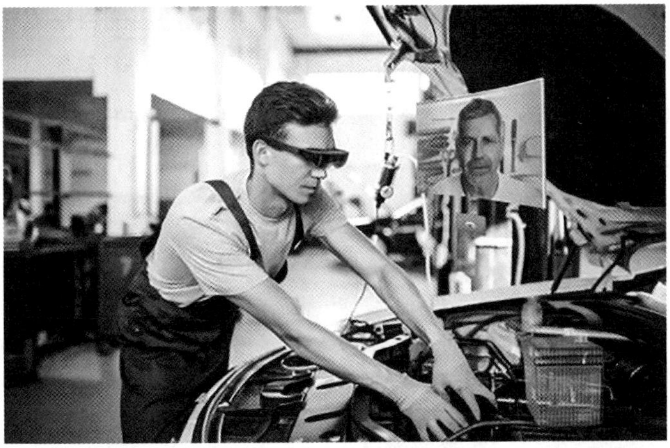

AR实时音视频协作效果图示

未来，三一工程师遇到难以解决的故障时，借助亮风台AR技术，利用AR扫描，即可智能识别故障部位，实时检索相关案例，并将现场“第一视角”情况传输至后方，由专家指导排故，即时判定故障责任，提高服务工作效率。

十、食品饮料——百事可乐引入AR设备，提供跨越语言障碍的技能培训与生产效率提升

在没有引入AR技术之前，百事可乐位于南非德班的Prospecton工厂需要员工掌握4种以上的语言才能保证工作的顺利进行，这对普通一线员工来说几乎是不可能的。然而，通过在日常培训中引用AR技术，多国语言已经不再成为工作障碍了，只要佩戴上AR眼镜，不具备外语能力的当地工人，就可以在车间接受培训和开展工作。

与此同时，借助AR眼镜内置的视频会议软件Zoom，各地工厂及团队可以随

时沟通，互相学习先进技术，交流经验。在疫情影响严重的百事爱尔兰工厂，管理人员需要在减少厂内操作人员数量的同时维持工厂的正常运转。他们借助AR眼镜内置的Zoom应用，就可实现居家办公人员与现场人员远程沟通，让工人可以便捷开展工作交流，最终提升生产效率。

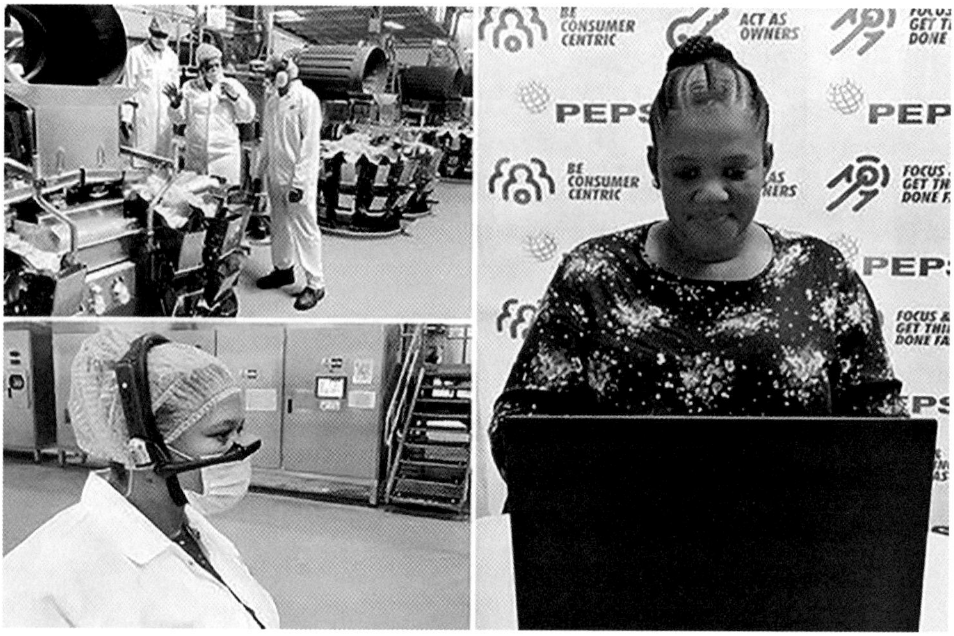

百事工厂员工佩戴AR设备进行工作

看完上述十大案例，我们不难发现，它们都跟一个词紧密相关，那就是“现场”。在2021年，AR远程协作实现连接现场与后端，已然成为工业界基础性标配应用。而更令人欣喜的是“可视化数字工厂”“可视化作业现场”在不断得到发展和深化，AR在工业领域的应用在向更深层次发展！我们或可从中窥见一种未来在被更快、更广泛地实现，那就是AR连接的“可见”物理世界与“不可见”数字世界虚实融合的世界。

十一、朝阳大悦城探索“元宇宙”，发布潮流数字推荐官

朝阳大悦城探索“元宇宙”，发布超写实数字人Vila担任项目首位潮流数字推荐官，成为率先进入“元宇宙”体系的商业地产项目。作为首位潮流数字推荐官Vila能够以超写实数字人的视角，通过数字化内容输出与用户持续对话互动，无论是穿搭推荐还是拍照打卡等，Vila几乎能够融入所有场景。除此之外，朝阳大悦城线上商城还将建立潮流数字推荐官Vila同款专区，甚至在未来尝试探索数字商品的开发、会员虚拟身份的构建，为消费者及品牌提供“进驻元宇宙”的全新数字化体验。

十二、第四代万达广场正式开启“元宇宙”世界

深圳龙岗万达广场作为万达首个第四代商业项目，正式开启“商业空间元宇宙”。项目围绕场景、内容、科技三大方面进行创新，应用BIM及3D点云扫描技术建立万达广场的数字孪生体，形成与实体广场对应的“平行世界”，打造数字化的虚拟现实体验；利用数字化运营管理平台，通过虚拟与现实之间的互动操作，实现对万达广场智慧化消费场景、智能化运维服务、数字化资产管理，可以说深圳龙岗万达广场是第四代万达广场在“元宇宙”行列中的探索者。

十三、广州悦汇城打造“元宇宙”购物体验

广州悦汇城在开业一周年之际为消费者带来一场极致的“元宇宙”购物体验——大型AR实景应用AR Show，此次AR Show是由人工智能软件公司商汤科技SenseTime联合越秀集团打造。AR Show把虚拟的冰雪奇境与现实场景交融，为到场顾客带来一场极致的”元宇宙”购物体验，使得悦汇城日客流量一度超越开业同期。

十四、“元宇宙+零售品牌”的应用

尽管“元宇宙”只是一个理念和概念，但“元宇宙”给零售品牌带来提升确是实实在在的。

美国零售品牌GAP，基于“元宇宙”概念推出虚拟试穿，通过3D虚拟形象来帮助消费者匹配适合自己的服装，并根据自己的风格和体型去寻找合适的服装尺寸和版型，进而提升线上购物满意度和体验度。

意大利奢侈品牌GUCCI与游戏平台Roblox合作，推出“GUCCI品牌虚拟展览”。消费者可以在游戏平台购买收藏和限量版Gucci配饰用来打扮虚拟形象，除

此之外，还为游戏平台用户供了一套虚拟空间和一套数字道具，这一举动被视为时尚界对“元宇宙”的加码布局。

十五、足不出户的旅行

2020年5月，加州大学伯克利分校为了不让学生因为疫情错过毕业典礼，在沙盘游戏《我的世界》里重建了校园，学生以虚拟化身齐聚一堂，举办了一场别开生面的“二次元”毕业典礼。

试想一下，你坐在家里的沙发上，戴上一个专用设备，短暂加载后，眼前白光一闪，进入一个叫作“HOME”的虚拟世界。那里依然是你的家，你对着镜子看到了一个和真实世界一样的自己，接下来你开始了虚拟世界的生活。

2021年11月12日，韩国政府召开第6次国家旅游战略会议，敲定”旅游产业复苏及再跃进方案”。根据方案，政府将推进元宇宙等虚拟旅游与实际访客智慧旅游的”双轨”体系，涵盖开发与防弹少年团等全球人气文创内容相结合的旅游产品，并开发数字景点，以及涵盖构建融合韩国主要景点、人气影视剧取景地等的”韩国旅游宇宙平台”。其中，韩国的仁川开放港是第一个创建智能旅游城市的选定区域。其目前正在通过建设智能生态系统和环境来发展智能旅游城市。

十六、元宇宙第一位新闻主播，出道

新华智云首位数字打工人——华智云，近日找到了工作新方向，她定期关注和播报元宇宙的热点资讯，作为元宇宙第一新闻主播正式出道，以下是她的第一条元宇宙新闻播报。

华智云的第一条元宇宙新闻播报。在华智云的身后，是新华智云在虚拟主播领域的探索和积累。

早在2019年6月，华智云的前身——“媒体大脑·MAGIC”虚拟主播就已经上岗。只需输入文字，虚拟主播即可播报新闻、生成视频。用户还可选择主播情绪和播报背景，甚至定制主播形象，一键生成AI新闻播报。

经过2年的持续积累，新华智云引领真人AI虚拟主播的发展。通过采集真人数据，应用深度学习技术进行动作模拟、情感模拟，虚拟主播能根据播报内容适配对应情感状态的微表情，使虚拟主播的举手投足、一颦一笑更加自然。凭借真人深度学习模型，虚拟主播的发音和口型匹配更加精准。而通过采集真人声音数据、定制播报声音，从形到声全面还原真实世界的主播。基于新华智云自研的底层技术，真人虚拟主播的定制流程更快，最短只需采集20分钟视频素材，就可以完成形象定制。

此外，新华智云还开发了一键换装、换背景、换绿幕等功能，满足客户对虚拟主播的个性化需求，应用范围更加广泛，除了新闻播报，还可以用于虚拟教师、虚拟客服、虚拟导游等不同场景。

虚拟主播“数小博”和AI真人主播“黄萱”介绍贵州

新华智云的虚拟主播开创了新闻领域实时音频与AI真人形象合成的先河。2020年的地方两会报道中，有7个省的两会报道用到了新华智云的虚拟主播。

截至目前，已有超过300家媒体、政企客户、金融机构使用新华智云的虚拟主播服务。

游客与基于虚拟主播技术的古代诗人互动

虚拟主播在文旅融合中也大放异彩。在新华智云打造的数字诗路文化体验馆中，基于虚拟主播技术的古代诗人，可以穿越而来，和游客之间进行互动问答。

随着元宇宙的兴起，虚拟主播技术也将快速普及，甚至每个人都可能拥有自己的专属虚拟主播。随着元宇宙的热潮来袭，无论是商业领域、科技领域还是其他领域，都纷纷开始布局，虽然目前元宇宙还处于初级阶段，但随着技术的成熟，元宇宙可能成为各大领域“破局”的关键。

十七、关于“元宇宙+商业”未来展望

（一）元宇宙发展

元宇宙是集区块链、5G、VR、AR、人工智能、物联网、大数据等前沿科技于一体，但是要想真正开启元宇宙之门，需要突破的关键技术是什么？例如，现实和虚拟的数字孪生是怎样实现的，关键技术是什么？哪些科技公司将会在这个领域大放异彩？从目前世界范围内的专利布局来看，端倪是什么？

对于上述问题，著名经济学家、横琴数链数字金融研究院学术与技术委员会主席朱嘉明认为，打开元宇宙世界的大门，要有三个方面的核心技术：一要有新能源，二要有新算力，三要有人工智能3.0。《元宇宙》（中信出版社）作者于佳宁也表示，元宇宙的发展关键，还需要底层性技术创新和基础设施建设才能实现。首先，在元宇宙的入口，也就是用户接入的层面，涉及接入终端普及和高速低延迟网络的建设。对于现有的终端而言，无论是佩戴的舒适性，还是终端自身的性能，现有的VR/AR终端技术还不足以支撑人们在元宇宙中进行长时间的沉浸式体验。同时，5G网络和卫星互联网是元宇宙快速发展的重要技术，保障接入的稳定性和全域覆盖，但是5G应用尚处于探索阶段，卫星互联网还不足以承载全球天地

海一体化通信网络。这些方面都需要进一步的技术突破和基础设施建设。其次，是要有足够的计算能力和数据存储空间。未来的元宇宙将是空间足够大、能容纳无数人并行使用的数字空间，数据量会出现爆发式增长，现有的云计算体系无法承载，因此需要边缘计算、分布式存储等前沿技术的进一步运用，实现互联网向“云+边+端”架构的转型。

由此，要构建完整的元宇宙生态，必须加快5G、云计算、分布式存储、人工智能、大数据、物联网、数字孪生、虚拟现实、区块链、清洁能源等一系列前沿信息技术的深度融合。

举例来说，在实现真实世界与虚拟世界的数字孪生方面，仍然面临一系列的技术瓶颈。于佳宁表示，主要瓶颈在于跨时间、空间的多尺度建模技术、数字孪生模型算法、对复杂模型进行预测的计算机科学、在线数字仿真技术等一系列的前沿技术。

朱嘉明看来，元宇宙应该至少用10年来建立目标，用30年来发展和奠定基础，用50年左右的时间，才能使元宇宙成为人们期望的与现实世界平行的新的人类存在的空间。现在的问题是，人们对元宇宙发展需要较长的时间，缺乏理性的认知，过于急于求成，过于焦躁，过于功利主义。这样，会破坏元宇宙发展的环境和生态。

事实上，从全球现有的专利技术布局，不难看出一些企业已经叩响了元宇宙的技术大门，甚至开始挑战现有的技术瓶颈。现有的几大头部公司都已经开始触及元宇宙的边界，例如Meta、Roblox、Epic、腾讯、英伟达等，都对元宇宙中的基础设施和生态做出对应的布局。

对于全球巨头在元宇宙领域的技术布局，超凡咨询检索分析师郭米琪和王宗文提供的专利数据显示，在VR产业中，截至2022年1月19日，全球虚拟现实相关专利大约为31.3万件，技术来源国主要为美国，专利申请量达到7万件，占到全球虚拟现实专利总申请量的22.41%，中国（包括中国大陆、中国台湾、中国香港以及中国澳门）次之，申请量为6.5万件，占比为20.8%。在申请趋势上，全球虚拟现实年专利申请量高峰出现在2018年，2019年出现小幅度下滑，中国虚拟现实年专利申请量高峰则出现在2017年，在2018年和2019年均呈现下降趋势。而在申请人排名中，排名前三的分别为微软、索尼和三星，中国仅有腾讯位列前十。

王宗文在区块链领域方面表示，截至2022年1月19日，全球区块链相关专利有64130件，申请主要集中在2016年后，呈爆发趋势。技术来源国主要为中国和美国，占比分别达到了62.8%和17.8%。从申请人看，申请量最多的为阿里巴巴集团及其关联公司，包括创新技术公司、支付宝等；腾讯和平安科技分列二三位；专门为区块链而生的nChain公司排名第四，美国科技巨头IBM也位列前十。

一个值得注意的细节是站在元宇宙前沿阵地的科学家和企业家们，普遍把2021年称“元宇宙的概念元年”，而不是“元宇宙元年”，其差别就在于，我们还处在一个全新的世界的起点，人类已经看到了未来，但还需要继续努力。在这个时候，思想的重要性就被凸显出来。在这样的环境下，企业在面对新的机遇与挑战时，应该采取什么样的思考方式？

于佳宁表示，元宇宙是未来社会和经济发展的新空间，有多种应用场景，各行各业都要考虑在元宇宙中实现落地。元宇宙的变革也会给很多行业带来一系列全新挑战。企业需要做到以下九点：

第一，要把握元宇宙黄金十年的短暂窗口期。移动互联网的红利期已进入尾声，赢家通吃的“马太效应”在各细分领域都很显著。而企业进行元宇宙转型可以未雨绸缪、制胜未来。

第二，元宇宙即将引发的产业变革速度、广度和深度都将远超移动互联网，加上认知和文化优于战略，因此，企业要从思维认知和企业文化优先转型，应优先建立对元宇宙的整体认知，形成全面拥抱元宇宙的企业文化。

第三，尽早制定企业的元宇宙总体战略。企业应将元宇宙转型的战略问题放在优先级别（由企业主要负责人亲自推动），尽早制定企业的元宇宙总体战略，确定企业在元宇宙中的定位，明确元宇宙转型的总体目标，并从最终目标反推需要进行的一系列变革。

第四，把数据纳入核心资产，尊重用户数据权利。在元宇宙中，数据是个人和企业的核心资产。因此企业需要推动数据资产化，让数据真正成为企业的生产要素。

第五，考虑向经济社群化的组织逐步转型。在元宇宙中，以平台化、社群化、在线化为特征的新型协作组织方式将逐步成为主流，因此企业要思考建立适应元宇宙的组织方式以及具体转型路线图，逐步适应并建立新的协作机制和经济社群式组织方式。

第六，重视数字贡献者的重要性。企业需要重新思考外部数字贡献者的来源和重要性，其中有些可能是供应商，有些可能是用户。企业要仔细思考他们以何种方式为企业贡献了何种关键资源，以及给他们分配价值的方式是否合理。企业要尝试构建新的利益分配系统，打破边界，实现生态价值最大化。

第七，重视IP（知识产权），强化直接交付用户体验的能力。在元宇宙中，来自物质的约束将被打破，IP 将是一切产业的灵魂，创意可能是唯一的稀缺资源。

第八，利用 NFT 实现产品形态突破。NFT 有望成为元宇宙中的关键价值载体。企业要利用好NFT等工具，开发新形态的数字商品，激活IP价值，找到让企业软实力变现的有效路径。这是元宇宙战略中较为重要的一环。

第九，元宇宙是数字世界与物理世界的融合空间，企业要积极尝试新技术，实现数字孪生，在业务和资产等维度全面思考数字化融合。

（二）元宇宙展望

从商业地产的角度去看，元宇宙为商业地产提供新的创新路径，商业地产空间场景不再被定义，未来商业地产在空间场景上不在局限于现实场景，而是虚拟场景与现实场景的交融；元宇宙也为线下零售行业营销开辟了新方向，品牌服饰的消费对象，不局限于现实中的消费者，也可以是游戏中的虚拟人物。目前来看，商业地产作为刚迈入元宇宙世界的一分子，仍处于初步探索阶段，但随着元宇宙概念的普及以及技术的发展，会有越来越多的商业地产迈入元宇宙的行列，未来元宇宙的应用或将成为主流。

只有理解了元宇宙的发展趋势，才能为未来的发展做好准备，并积极投入其中。韩国以2025为远景，根据发展趋势制订相应的对策。

在元宇宙发展和扩展过程中，存在着许多重要的因素，而软硬件技术是最关键的。一些公司和个人，因为与元世界的行业或区域有直接的联系，所以他们一直在密切地关注和准备着。世界知名的网络公司Meta（FB. US）就改名以示对元世界的渴望。它相信，未来的因特网就是“一个身临其境的因特网”。而且Meta的初衷也是为了传承和超越。在整合的过程中，硬件、连接、计算、平台、标准、支付、内容、规则，这8个元素，是虚拟与现实的完美结合，没有这8个元素，就没有人类星辰大海的未来，这8个要素，恰恰也涵盖了所有元宇宙概念中的产业故事。

英伟达在影像技术上的造诣也很高。该公司宣布将与Adobe和Blender联合，对Omniverse进行大规模的拓展，并在将来为数以百万计的“元宇宙”用户提供服务。

与海外相比，腾讯、字节跳动、网易、百度、微美全息，都是元宇宙的忠实拥护者。腾讯在几年前就已经盯上了这个领域，并且在Roblox推出之前投入了大量的资金。在此之前，还收购了Epic Games40%以上的股权，以打造一个全商业生态，包括社交、直播、电商等。与此同时，大量的“热钱”也纷纷涌入元宇宙概念股。作为今年冬季奥运会的吉祥物的“冰墩墩”的特许制造商，为冰墩墩“致力成为礼品元宇宙定义者”而申请了元宇宙的商标。

在这群团队之中，微美全息是 AR全息技术的领头羊，它是一家专注于元宇宙等多个方面的公司，拥有全息电脑视觉、全息视觉、全息互动软件、全息 AR在线广告、全息 ARSDK支付、5 G全息通信软件开发、全息人脸识别开发、全息 AI换脸开发等技术，为生态空间的开发提供了支撑。从长期来看，微美全息的元宇宙业务将加快其在元空间等领域的布局与落地。在实现现实与虚拟的融合价值基础上，进一步加强布局，加快研发、落地和推广有关的产品和服务。

不仅如此，对于元宇宙相关企业的注册更是体现了元宇宙的火热。据悉，我国现有510余家名称含元宇宙的企业，超93%的企业成立于1年内，注册资本在100万以内和500万以上的相关企业各占约30%。其中，2021年全年共新增450余家名称含元宇宙的企业（全部企业状态）。

互联网龙头显然看到了元宇宙的利好。字节跳动、腾讯等企业摩拳擦掌，正着手创造中国版元宇宙空间。2019年，腾讯与Roblox就达成了战略合作伙伴关系，以培养新生代创造者。

目前，元宇宙建设已形成竞争态势。字节跳动向Roblox 的竞品公司重启世界（Reworld）增加了约1亿人民币的投资，用以优化自己的元宇宙平台，以与日渐强大的对手腾讯抗衡。

易股天下集团董事长、华建函数资本CEO易欢欢认为，对投资人来讲，当前显而易见的机会首先是在硬件领域，以眼镜为代表的下一代计算平台每年将以50%以上的增长速度快速普及，其次是与计算平台相关的软件和内容的开发。再次，未来全球化的数字身份和社交关系中也存在投资和创业的机会。易欢欢表示，在产业布局方面，我们有一个独创性的总结，叫元宇宙的六大核心技术，即bigbang，俗称“大蚂蚁”，包括区块链技术（Blockchain）、交互技术（Interactivity）、电子游戏技术（Game）、人工智能技术（AI）、网络及运算技术（Network）、物联网技术（Internet of Things）。企业可以在这些领域提早布局。

中关村大数据产业联盟秘书长赵国栋认为，除了上述元宇宙的六大核心技术外，内容领域和运营领域也存在重要机会。在内容领域、数字影视、3D内容制作、数字资产都已经有企业进行前瞻性布局。而在运营领域，数字人的诞生正给人们带来全新的视野。因为数字人不仅要好看，还要强调运营能力，这样新的商业模式就会出现，好多公司的价值会重新评估。赵国栋表示，以呼叫中心为例，呼叫中心过去定位相对低端，仅仅局限在后台服务，数字人诞生后，其服务的还是呼叫中心的企业，但“人工+智能”的方式为数字人提供支撑，呼叫中心的定位就变了，它能挖掘用户的需求，从一个被动服务部门变成一个主动服务部门，后台变前台，从而可以产生完全不同的公司价值。

在我国，VR创业公司Pico（小鸟看看）正式公开了被字节跳动收购，未来将并入字节跳动的VR相关业务，整合内容资源和技术能力，并在产品研发和开发者生态上加大投入。

从行业发展的实际情况来看，虚拟现实技术经过多年淬炼，正呈飞速发展模式，但依然面对着许多的问题。近年来，与元宇宙有关的科学技术突破账号获得发展，让元宇宙出现在资本面前，正因如此，有了资本的关注，或许能再次推动虚拟现实产业与技术发生突破，并朝着元宇宙需要的样子发展。虚拟现实行业的发展将会迎来一个新的时代。目前按照现实情况来看，现在的虚拟世界距离真正的宇宙还差得远，但我们必须要迈出这一步，必须要做到这一点。

元世界把人类的一部分生活方式转变为一个虚拟的公共平台。在未来，随着对企业的持续赋能和商机，元宇宙将更深入地与现实世界进行深度的整合。以下八大业务模式，就是对此整合的多种预期：

1.数位资产

品类日渐丰富的数位资产拓宽了销售的渠道。如今，由于NFT的引入，交易者可以买卖收藏品和其他虚拟物品，如为人们熟知的加密货币Kitties，CryptoPunk和BAYC等。

此外，娱乐衍生品即将加入NFT的行列。韩国娱乐公司HYBE Labels与区块链交易平台Dunamu 合作，成立了一家专注于NFTs的合资公司。SM公司也将进军NFT事业，预计将以Solana等主要平台为基础发行NFT。

数位资产的丰富也带动了与NFT艺术相关的产业的繁荣，例如NFT艺术品画廊和艺术商店。画廊是目前元宇宙中最常见的商业模式，这或许是由于NFT与艺术品本就关系密切。

像刘嘉颖的the Pure Gold Gallery，宋婷的Panda Gallery，BCA gallery以及由韩国社区创作的dogesoundclub等，都是著名的加密货币艺术画廊，这些艺术家或团体把画廊带进了元宇宙，使它成为了元宇宙中最早、最流行的商业模式。

元宇宙的组成材料与物质世界迥然不同。像CryptoVoxels这种囊括了所有建筑和可穿戴设备的结构，就完全是由艺术和3D网格上的数值组成的。对加密货币

Voxels 来说，体素是必不可少的，上至房屋装修，下至个人物品的陈列，都需要借助体素来完成。这就催生了许多艺术商店，比如Vox Walk等。

2.建筑

有些地主拥有的地块很多，但是用于建设地块的时间和精力却有限。另一些地主则倾向于聘请更专业的团队建造品牌HQ。这两种需求都催生了元宇宙中的第三方建筑服务，MetaEstate和Voxel Architects就是这一类服务商。

Cryptovoxels 平台Origin City岛心累计访问量最高的spaceage、stoneage、glassage、Welcome 四大建筑均出自Voxel Architects公司，MetaEstate公司也建造了元气星空MetaChi HQ、Creation时尚馆、豪林居饭店等多个精致的场馆。

3.地产租赁

与现实世界的地产行业一样，租赁与买卖也存在于元宇宙中。据CV Analytics的统计数据，许多地主持有多个地块。一些地主购买地块并非为了买卖，而是做长期投资之用。地主可以把闲置的土地租给想建设或运营的人，由此就催生了一个原生市场。

4.沉浸式体验

沉浸式体验是因人们过于关注设计出的空间，以至于忘记了所处的现实环境而产生。在环球影城，你或许觉得是肉身在体验，但实际精神在沉浸。只需坐在椅子上，就可以和哈利·波特一起在空中翱翔，与变形金刚在摩天大楼之间跳跃，和小黄人们雀跃欢呼。元宇宙建立在专业的建筑设计和3D 技术之上，是获取沉浸式体验的不二场所。

5.销售服装

元宇宙是不可能取代真实世界的，例如食、住、行、游、购、娱等。服装电商正在向3D化的趋势转变，由原来的二维图像展示逐渐转变为主播在现场试衣。但是，自己穿和看别人穿是两回事。如果有了3D扫描器，人们就能在自己的虚拟身体里穿戴3D服装。

6.线上KTV

KTV 本身就是一种不可或缺的社交方式。在现实世界中，距离较远的人们不能够在KTV 中聚会，但元宇宙可以破除这一限制。你可以在空闲的时候与世界任何地方的朋友在元宇宙的KTV 中欢唱。

7. 数据服务

万事万物都离不开数据，元宇宙也不例外。项目方想掌握地块的地主流量数据，买家想了解在售地块的信息，卖家想依据市场动态估价，游览者想知道哪里值得一览，而这些都离不开数据的支持。在未来的元宇宙中，专业数据分析或许会成为重要的商业模式。

8. 游戏广告植入

游戏是元宇宙中最有利润的领域。营销人员与分销商完全可以充分利用这一媒介，在高人气游戏平台上植入广告，从而引流用户。游戏也是元宇宙中规模最庞大的游戏（比电影与电视的业务总和还要大），笔者因此预测游戏广告会越来越普及。

后记

元宇宙以大数据、云计算、物联网、区块链等高新技术为基础，有效整合人才、资本、技术等生产资料，为数字经济的高质量发展提供可靠的技术支撑。数据成为数字经济的关键性生产要素，改变了生产要素的供应体系，能够提供海量可重复利用的资源。在元宇宙的作用下，资源配置的时空阳隔效应被打破，供需实现精准预测和匹配，要素组合效率和生产效率实现质的飞跃，资源配置实现帕累托最优，数字经济效益显著提升，依托数字货币构建的表中心化交易支付系统，以及区块链辅助构建的低信用成本、优质信用环境的平台，元宇宙为数字经济发展构建了便捷的支付方式、安全的交易环境、完善的信用体系与良好的竞合关系。在开源思维、共享理念及通证技术的支撑下催生出通证经济、开源经济和元宇宙经济等新兴数字经济业态，数字经济不断进行横向聚合和纵向延展性扩容。数字经济的边际成本逐渐变成沉没成本，充分释放生产端和消费端之间的市场潜力，同时，通过对大数据的深入挖掘，构建企业最佳生产路径，从而达到节能降耗低碳，绿色发展的目标，推动数字经济与元宇宙的深度融合，元宇宙赋能数字经济的高质量发展契合了创新、协调、绿色、开放，共享的新发展理念，在高端制造、医疗健康、智慧农业等方面具有广阔的前景，为供给侧结构性改革开辟出新途径，为实现我国数字经济的高质量发展提供新思路。目前，在元宇宙赋能数字经济高质量发展的过程中还存在两者融合不平衡不充分，核心技术和智能装备不足，重商业娱乐应对轻核心产业发展以及运用安全等问题，未来需要突破关键技术的短板，培育元宇宙与数字经济深度融合的样板以及优势产业集群，向民生保障，国家战略产业，高端制造业等方面深入。

参考文献

[1] 环球网.加强技术与科学的互动推动数字经济进入发展新阶段[OL].（2020-0831）.https：//baijiahao.baidu.com/s？id=1676505785977155297&wfr=spider&for=pc.

[2] 阿朱说.从IT到DT，再到OT [ZOL].（2018-07-03）.https：/lwww.sohu.com/a/239273534_610516.